本书获得国家自然科学基金项目"煤炭资源绿色低碳……（71774105）、2021教育部人文社会科学研究规划基……理公众自选择：亲环境行为的驱策与引导研究"（2……、2021年山西省高等学校哲学社会科学研究项目"碳达峰碳中和背景下山西煤炭资源绿色低碳发展实现路径研究"（2021W067）、2021年度山西省政府重大决策咨询课题"碳中和目标下山西能源绿色低碳转型发展政策研究"（ZB20211602）、2021年度山西省哲学社会科学规划课题"碳达峰碳中和背景下山西能源产业绿色低碳发展研究"（2021YY157）的资助

煤炭企业绿色低碳发展战略选择研究

STUDY ON STRATEGIC CHOICE OF GREEN AND LOW-CARBON DEVELOPMENT FOR COAL ENTERPRISES

焦　嶕 ◎ 著

经济管理出版社

ECONOMY & MANAGEMENT PUBLISHING HOUSE

图书在版编目（CIP）数据

煤炭企业绿色低碳发展战略选择研究/焦嶕著 . —北京：经济管理出版社，2022.4
ISBN 978 - 7 - 5096 - 8384 - 2

Ⅰ.①煤…　Ⅱ.①焦…　Ⅲ.①煤炭企业—节能—经济发展战略—研究—中国
Ⅳ.①F426.21

中国版本图书馆 CIP 数据核字（2022）第 057256 号

组稿编辑：杜　菲
责任编辑：杜　菲
责任印制：黄章平
责任校对：董杉珊

出版发行：经济管理出版社
　　　　　（北京市海淀区北蜂窝 8 号中雅大厦 A 座 11 层　100038）
网　　　址：www. E - mp. com. cn
电　　　话：(010) 51915602
印　　　刷：唐山昊达印刷有限公司
经　　　销：新华书店
开　　　本：720mm×1000mm/16
印　　　张：16.5
字　　　数：233 千字
版　　　次：2022 年 4 月第 1 版　　2022 年 4 月第 1 次印刷
书　　　号：ISBN 978 - 7 - 5096 - 8384 - 2
定　　　价：88.00 元

前　言

　　随着世界经济的发展和工业化进程的加快，煤炭资源作为基础能源被频繁使用，煤炭产业的发展在一定程度上造成了碳排放的增加和环境污染问题的日益加剧。作为全球最大的新兴经济体，中国是煤炭资源非常丰富的国家之一，具有较大规模的煤炭产业，而国内煤炭消费造成的二氧化碳排放量却长期高居不下，面临着严峻的节能减排任务。特别是随着"二氧化碳排放力争2030年前达到峰值，努力争取2060年前实现碳中和"战略目标的提出，中国对实现全球的节能减排任务肩负着重任，山西省等主要能源供应省份的绿色低碳转型迫在眉睫。尽管优化产业结构政策取得了初步效果，但中国发展仍然表现出粗放式增长的特征，经济增长伴随巨大的能源消耗，须进一步提高能源效率和推进绿色低碳发展。以煤为主的能源结构体现出中国不可改变的资源禀赋现实，过去中国的能源结构是以消费煤炭资源为主，现在虽然推行能源革命和清洁能源发展，但在短期内难以改变，其他能源作为辅助能源，无法完全替代煤炭的位置，所以中国社会经济可持续发展需要建立在高效清洁、绿色低碳利用煤炭资源以及发展清洁能源的基础上。

　　如果不改变煤炭企业的传统发展战略，对经济、环境和人类都将造成更大的损害，而绿色低碳发展正是煤炭企业应对国内经济发展、国内外政治要求、企业自身发展的科学方向和出路。为实现能源效率的提高，改变对环境的负外部性影响，满足利益相关者要求，煤炭企业需要改变传统的发展战略，以绿色低碳发展的视角重塑企业发展战略，探索如何通过绿色低碳发展战略选择形成竞争优势，提升企业绩效，推动煤炭企业的转型和绿色低碳发展。

本书通过对煤炭企业绿色低碳发展战略相关文献、战略管理相关理论的回顾，对研究成果进行梳理，剖析煤炭企业选择绿色低碳发展战略的驱动力；通过构建煤炭产业系统动力学模型，洞悉煤炭产业绿色低碳发展系统机理；在此基础上，基于扎根研究进一步探究煤炭企业绿色低碳发展战略选择的影响因素，结合理论推导，提出煤炭企业绿色低碳发展战略类型，并分析了4种不同类型的煤炭企业绿色低碳发展战略对煤炭企业绩效的作用关系，形成煤炭企业绿色低碳发展战略选择理论模型；借助实证研究和案例分析验证理论模型，提出煤炭企业绿色低碳发展战略选择的结论、建议和未来研究展望。主要研究内容如下：

（1）通过构建煤炭产业发展的系统动力学模型研究煤炭企业绿色低碳发展过程中的重要影响因素及各因素之间的相互作用关系，为战略选择奠定良好基础。同时，定义发展中存在的关键问题，基于系统基模的构建和分析找到解决关键问题的对策。

（2）以煤炭企业为研究对象进行质性研究，扎根于煤炭企业管理实践，从现象中寻找概念，将概念归纳为范畴，将范畴提炼为理论，以形成煤炭企业绿色低碳发展战略选择影响因素的理论模型，明确煤炭企业绿色低碳发展战略选择的影响因素，分析不同因素对于煤炭企业绿色低碳发展战略选择的影响作用。

（3）煤炭企业绿色低碳发展战略的驱动力分析是构建绿色低

碳发展战略选择理论模型的基础，基于制度理论和核心竞争力理论剖析煤炭企业选择绿色低碳发展战略的驱动力，并以此为脉络进一步明确煤炭企业绿色低碳发展战略的特征。

（4）将扎根研究结果、驱动力分析结果与文献研究和理论推导结合，提炼出4种不同的煤炭企业绿色低碳发展战略类型，分析不同类型的煤炭企业绿色低碳发展战略对煤炭企业绩效的作用关系。构建由"煤炭企业绿色低碳发展战略选择影响因素—煤炭企业绿色低碳发展战略类型—企业绩效"组成的煤炭企业绿色低碳发展战略选择理论模型，提出相关假设并通过实证研究进行验证。

（5）通过案例研究，以案例企业的绿色低碳发展战略管理实践，系统性验证本书提出的煤炭企业绿色低碳发展战略类型的合理性和实用性，根据案例企业的经营情况找到绿色低碳发展战略选择的主要影响因素，确定最优的绿色低碳发展战略组合，提出绿色低碳发展战略实施的对策建议和保障措施。

根据以上研究内容，本书主要得出以下结论：

（1）绿色低碳取向、企业资源与能力、利益相关者压力、市场绿色竞争4个方面的因素共同对煤炭企业绿色低碳发展战略选择造成影响，以此形成煤炭企业绿色低碳发展战略选择影响因素理论模型。

（2）通过理论推导和文献研究结合绿色低碳行为的特征，提出煤炭企业绿色低碳发展战略可分为反应性绿色低碳发展战略、合作性绿色低碳发展战略、前瞻性绿色低碳发展战略、适应性绿色低碳发展战略4种类型。

（3）通过实证研究，利用结构方程模型发现不同煤炭企业绿色低碳发展战略选择影响因素对同一战略类型的影响作用存在差异，同一煤炭企业绿色低碳发展战略选择影响因素对不同战略的影响作用也存在差异。具体来看，绿色低碳取向与反应性绿色低碳发展战略选择、合作性绿色低碳发展战略选择、前瞻性绿色低碳发展战略选择、适应性绿色低碳发展战略选择存在正相关关系；企业资源与能力对前瞻性绿色低碳发展战略选择、适应性绿色低碳发展战略选择存在正相关关系；利益相关者压力与反应性绿色低碳发展战略选择、合作性绿色低碳发展战略选择、适应性绿色低碳发展战略选择存在正相关关系；市场绿色竞争与反应性绿色低碳发展战略选择、合作性绿色低碳发展战略选择、前瞻性绿色低碳发展战略选择存在正相关关系；其他均不存在正相关关系。

（4）通过实证研究，验证了4类煤炭企业绿色低碳发展战略选择与企业绩效的关系，其中合作性绿色低碳发展战略、前瞻性绿色低碳发展战略、适应性绿色低碳发展战略与企业绩效存在正相关关系，反应性绿色低碳发展战略与企业绩效不存在正相关关系。煤炭企业可以通过选择合作性绿色低碳发展战略、前瞻性绿色低碳发展战略、适应性绿色低碳发展战略提升企业绩效。

通过对煤炭企业绿色低碳发展战略选择的研究，本书实现的创新之处有4个方面：一是提出了包含反应性绿色低碳发展战略、合作性绿色低碳发展战略、前瞻性绿色低碳发展战略、适应性绿色低碳发展战略的煤炭企业绿色低碳发展战略类型；二是凝练了扎根于中国煤炭企业管理实践的绿色低碳发展战略选择影响因素理论模型；三是构建了由"煤炭企业绿色低碳发展战略选择影响因素—煤炭企业绿色低碳发展战略类型—企业绩效"组成的煤炭企业绿色低碳发展战略选择理论模型；四是揭示了煤炭企业绿色低碳发展战略选择的准则，为煤炭企业战略管理实践提供指导和参考。

　　本书课题组成员包括焦雠、赵国浩、徐银娜、赵敏、苗泽雁、刘梦。本书基于的课题研究阶段性成果尚未形成完整体系，研究内容涉及课题研究的部分子课题，尽管研究深度不够，但对课题研究内容有相当部分的涉及，进一步深入的研究成果将在后续著作中奉献给读者。

　　本书所用数据、文献等资料，除来自课题组成员的研究成果外，还引用了公开出版物，特向课题组成员及有关作者表示感谢。由于水平有限、编写时间仓促，书中错误和不足之处在所难免，恳请读者批评指正。

目　录

第一章
煤炭企业绿色低碳发展战略
选择研究现状

一、煤炭企业绿色低碳发展战略选择
研究背景与研究意义

（一）研究背景

随着世界经济的发展和工业化进程的加快，煤炭资源作为基础能源被广泛使用，煤炭产业的发展在一定程度上造成了碳排放的增加和环境污染问题的日益加剧。近年来，频繁出现的极端天气、水土流失、空气污染等环境问题使人类深刻认识到生态环境的重要性，为追求经济发展而放弃环境保护的粗放式发展模式已经给社会发展带来了严重的危害，转变经济发展模式迫在眉睫，因此，人类开始增加对于低碳、绿色发展的关注。《巴黎协定》缔结后，发展中国家对实现全球节能减排目标负有重要的责任。作为全球最大的新兴经济体，中国是煤炭资源非常丰富的国家之一，具有较大规模的煤炭产业，国内煤炭消费造成的二氧化碳排放量在二氧化碳排放总量中的占比达到80%左右[①]，面临着严峻的节能减排任务。尽管优化产业结构政策取得了初步效果，但中国发展仍然表现出粗放式增长的特征，经济增长伴随巨大的能源消耗，需进一步提高能源利用效率和推进绿色低碳发展（李玲等，2017）。

煤炭产业作为重要的能源支柱产业，为人类的社会进步、经济发展起到了关键的支撑作用，而中国的煤炭产业在全世界占有相当重要的地位，根据 IEA（International Energy Agency）发布的报告 Coal 2017 Analysis and Forecasts to 2022，世界煤炭消费量将以每年0.5%的速度增长，2022年将达到55.34亿吨标准煤的消费量，而在世界煤炭消费中，中国占到约49%的大比例。在如今传统产业转型升级、能源清洁利用要求进一步提高的背景下，中国供给侧结构性改革及产业结构优化政策为煤炭产业带来了转型发展的重要战略机遇，煤炭企业的绿色低碳转型任务十分艰巨。煤炭产业作为中国的基础产业，在社会进步和经济发展中起到至关重要的作用。煤炭作为中国的主要能源供给资源，在中国的能源消费中长期维持在70%左右的占比，并且这样的情况会在未来很长一段时间内持续（Song 等，2015）。虽然煤炭消费在能源结构中的比例整体呈下降趋势，但根据国家发展改革委和国家能源局联合印发的《能源发展"十三五"规

[①] 资料来源：《中国低碳经济发展报告（2016）》。

划》，到 2020 年，煤炭供给总量仍然可能达到 39 亿吨，煤炭消费总量控制在 41 亿吨以内。

可见，以煤为主的能源结构体现出中国不可改变的资源禀赋现实，过去中国的能源结构是以消费煤炭资源为主，并在短期内难以改变，其他能源都作为辅助能源，无法完全替代煤炭的位置，所以中国社会经济可持续发展需要建立在利用煤炭资源以及发展煤炭产业的基础上。盲目地"去煤"不符合中国现阶段的国情，会引起能源消费结构的失衡，不利于构建集约、安全、高效的能源体系，甚至可能对中国整体经济的协调稳定发展造成负面影响（韩建国，2016）。

2002~2012 年，我国煤炭产业在快速发展的同时，煤炭企业经历了"黄金十年"，煤炭产能不断扩大、企业规模逐渐增加，煤炭企业进行了粗放式的规模化发展和扩张（孙喜民等，2015）。近年，在外部宏观经济特征快速变化的情况下，煤炭企业面临着严峻的形势，煤炭产品市场需求下降，由"黄金十年"的卖方市场转为了买方市场，现代煤炭工业技术快速升级，环保与节能减排政策要求日益严格，经济增长方式转变为创新驱动，在如此严峻的形势下，煤炭企业传统的发展模式已经难以支撑其进一步发展。

中国煤炭企业的发展模式通常是一个相对僵化的"资源—产品—废物"的线性流程，采取的发展战略以规模扩张为主，通过增加矿井数量、加入开采力度而不断发展企业规模，但产业结构单一，生产的产品多为低附加值的初级煤炭产品，且多元化发展不足，缺少相关支撑产业。传统的发展模式会造成能量消耗大、污染排放多、大量占用资金等一系列问题。自改革开放以来，山西等煤炭大省着力发展煤炭产业，造成产业单一的经济结构，在追求经济增长的过程中高度依赖煤炭产业，同时忽略了环境保护及治理，往往是先污染、先破坏，当意识到环境问题的严重性之后又耗巨资进行治理、修复，对生态环境的修复工作周期长、效果差、投资大，反而在很大程度上拖累经济的发展，并且对人们的生活质量产生了很大的负面影响。煤炭企业在生产经营中造成的污染排放、地质灾害、生态系统破坏等一系列环境问题日益凸显，难以实现绿色低碳发展，究其原因，与企业绿色价值观不明确、低碳行为重视程度不高、绿色创新人才匮乏、历史遗留问题处理不恰当等因素紧密相关。

"十二五"期间，工业作为中国的主要耗能领域，其能源消费的年均增长率达到5.2%，从2011年的24亿吨标准煤增长到2015年的29亿吨标准煤。随着《国民经济和社会发展第十三个五年规划纲要》的颁布，对于控制工业排放总量的要求更为严格，工业节能减排的形势非常严峻。国家主席习近平在"一带一路"国际合作高峰论坛上提出，实践绿色发展的新理念，倡导资源的低碳和循环利用，推行可持续的生产、生活方式，加强生态和环境的协调发展；党的十九大报告指出，中国要建立清洁、低碳、安全高效的能源体系；国家发展改革委印发的《能源发展"十三五"规划》提出要更加注重推动能源低碳发展；国家能源局发布的《2018年能源工作指导意见》进一步强调了绿色低碳能源体系的关键性作用。

可见，无论从社会层面、经济层面、环境层面还是政策层面，都对打造绿色低碳能源体系，改善能源结构，实现节能减排有着根本性的要求，而煤炭企业的绿色低碳转型既是一个时代命题，也是一个战略课题。

不改变煤炭企业的传统发展战略，对经济、环境和人类都将造成更大的损害，而绿色低碳发展正是煤炭企业应对国内经济发展、国内外政治要求、企业自身发展的科学方向和出路。为实现能源效率的提高，改变对环境的负外部性影响，满足利益相关者要求，煤炭企业需要改变传统的发展战略，以绿色低碳发展的视角重塑企业发展战略，将经济发展与生态环境的平衡纳入战略制定的考量因素，优化战略选择方法，提高战略管理水平，依托资源优势，借助更加科学的发展战略，彻底摆脱"高污染、高消耗"的发展模式，打破片面追求产量及短期经济效益的发展思路，切实将党的十九大精神贯彻到煤炭企业的发展中，坚持"质量第一、效益优先"，以供给侧结构性改革为主线，通过实施绿色低碳发展战略，推动企业发展的质量变革、效率变革、动力变革，开拓符合习近平新时代中国特色社会主义思想的战略管理理论与实践，在解决外部环境压力的同时，履行企业社会责任，最终达到煤炭企业乃至整个产业的可持续发展。

（二）研究意义

在中国经济由高速发展转变为中高速发展"新常态"的过程中，世界能源格局也发生着剧烈的变化，科技飞速进步、经济快速复苏、环保要求提升等一系列因素引发了新兴能源的纷纷涌现，能源成本持续降低，出现了在一定程度上可替代煤炭能源的其他能源，巨大的竞争压力和环保压力给煤炭企业带来了前所未有的危机，而这些问题和危机正是阻碍煤炭企业绿色低碳发展的重要原因，煤炭企业需要以科学、合理的发展战略解决问题，走上绿色低碳发展的道路。

一方面，随着多年的煤炭开采，作为不可再生资源，煤炭储量的不断减少，加之开采煤炭的行政审批标准逐年提高，政策允许范围内可开采的煤炭资源范围越来越小，加剧了煤炭资源的短缺，可开采煤炭资源的减少对于煤炭企业绿色低碳发展带来的制约作用已经初步显现，并且这一因素对于煤炭企业绿色低碳发展的负面影响正在逐步加剧。另一方面，天然气、石油、太阳能等能源的利用技术、方式、策略走向成熟，越来越多的能源消费主体放弃消费煤炭能源，而选择在成本、效率、环保等方面更具有优势的其他能源，煤炭正在逐步失去其拥有的竞争优势。煤炭企业不仅要在同行业内开展竞争，而且竞争范围已经扩大到相关领域，煤炭企业重塑核心竞争力迫在眉睫。另外，煤炭企业的生产和运营往往伴随着对环境的污染、自然的破坏以及环境保护相关费用的支出，无论从国家层面、各省份层面，还是企业自身层面，对于环境的保护要求已经上升到了前所未有的高度，低成本的"乱挖乱采"策略使企业付出巨大的代价，而制定能够同时兼顾企业发展和环境保护的绿色低碳发展战略成为煤炭企业的首要任务。

绿色低碳发展原先只是作为煤炭企业的一种发展路径或者发展理念，但在现今的背景下，绿色低碳理念开始与战略管理领域相融合，绿色低碳发展上升到战略高度，成为企业管理中的一项战略要素，从而形成了绿色低碳发展战略，这是企业新的战略选择。科学制定绿色低碳发展战略是煤炭企业得以健康发展、煤炭资源得以清洁利用、煤炭经济得以绿色发展、人类社会得以可持续发展的重要指导和保障。

煤炭企业所面临的影响绿色低碳发展的问题和危机表面上是由于规划不科学、利用不合理、发展不协调、市场不规范而造成的，其实从根本上是因为缺少科学的绿色低碳发展战略，探讨煤炭企业绿色低碳战略选择问题，洞悉煤炭企业绿色低碳发展战略选择准则以及煤炭企业推动绿色低碳发展的机制，可以为煤炭企业的绿色低碳战略选择提供理论支撑，使其明确绿色低碳发展战略的类型，了解不同的绿色低碳发展战略受到哪些因素影响，明确绿色低碳发展战略与企业绩效的作用关系，帮助煤炭企业提高绿色低碳意识，践行绿色低碳行为，打造绿色低碳竞争力，在解决环境污染问题、履行企业社会责任的同时走出一条绿色低碳发展道路，对于煤炭企业实现绿色低碳发展具有重要的现实意义。

更为重要的是，煤炭企业绿色低碳发展战略研究符合国家战略的要求和政策的倡导，煤炭企业的绿色低碳发展对推动国家在能源产业的战略部署有着关键的战略意义。习近平总书记在党的十九大报告中提出，推进绿色发展，建立清洁低碳、安全高效的能源体系，构建绿色低碳循环发展体系，壮大清洁能源产业；国务院 2017 年第 42 号文件对资源型经济转型发展作出要求，要建设安全、绿色、集约、高效的清洁能源供应体系和现代产业体系；国家能源局在《煤炭工业发展"十三五"规划》中对于煤炭产业的发展提出了明确的部署，"努力建设集约、安全、高效、绿色的现代煤炭工业体系，切实维护国家能源安全，是'十三五'时期煤炭行业肩负的重大历史使命。"

从理论角度看，煤炭企业绿色低碳发展战略的相关理论研究比较分散，没有形成系统性的研究，对于绿色低碳理念和战略管理相融合形成的绿色低碳发展战略这一新概念缺少明确的定义，对其内涵和外延的理解尚处于较为浅显的水平。对于煤炭企业绿色低碳发展战略选择影响因素的研究尤其匮乏，没有以系统思维进行分析，难以洞悉不同因素对煤炭企业绿色低碳发展战略选择的影响效果。目前，对煤炭企业绿色低碳发展战略选择问题的研究处于起步阶段，但煤炭企业实践中已经出现了大量的问题和困难，实践急需理论体系的支撑和指导，而其理论体系尚不完善，需要进一步丰富和充实。

因此，煤炭企业绿色低碳发展战略选择研究不仅对完善和充实绿色低碳发展战略理论有着重要的理论意义，而且能够指导煤炭企业更科学、合理地开展实践活动，为企业解决发展中的困难和问题提供关键性的管理工具和分析思路，对于煤炭企业实现稳定、持续、环保发展具有重要的现实意义。

本书在参与国家自然科学基金项目（煤炭资源绿色低碳发展理论与政策研究）和前人的理论研究基础上，改变传统的理论视角，从战略性角度对煤炭企业绿色低碳发展战略选择问题进行研究，探索煤炭企业绿色低碳发展战略选择的影响因素，提出煤炭企业绿色低碳发展战略选择理论模型，剖析煤炭企业绿色低碳发展战略类型，探究不同类型的煤炭企业绿色低碳发展战略选择与企业绩效的关系，提出煤炭企业绿色低碳发展战略的保障措施和政策建议等。

二、煤炭企业绿色低碳发展战略选择
研究内容与研究方法

（一）研究内容

1. 煤炭企业绿色低碳发展战略选择驱动力分析

煤炭企业绿色低碳发展战略选择驱动力分析是构建绿色低碳发展战略选择理论模型的基础，基于制度理论和核心竞争力理论，剖析煤炭企业选择绿色低碳发展战略的驱动力，并以此为脉络进一步明确煤炭企业绿色低碳发展战略特征。

2. 煤炭企业绿色低碳发展战略选择影响因素分析

以煤炭企业为研究对象进行质性研究，扎根于煤炭企业管理实践，从现象中寻找概念，将概念归纳为范畴，将范畴提炼为理论，以形成煤炭企业绿色低碳发展战略选择影响因素的理论模型，明确煤炭企业绿色低碳发展战略选择的影响因素，分析不同因素对于煤炭企业绿色低碳发展战略选择的影响作用。

3. 煤炭企业绿色低碳发展战略选择对企业绩效的作用关系分析

将扎根研究结果、动因分析结果与文献研究和理论推导相结合，提炼出4种不同的煤炭企业绿色低碳发展战略类型，分别是反应性绿色低碳发展战略、合作性绿色低碳发展战略、适应性绿色低碳发展战略、前瞻性绿色低碳发展战略，可分析不同类型的煤炭企业绿色低碳发展战略选择对煤炭企业绩效的作用关系。构建由"煤炭企业绿色低碳发展战略选择影响因素—煤炭企业绿色低碳发展战略类型—企业绩效"组成的煤炭企业绿色低碳发展战略选择理论模型，并以中国煤炭企业为样本，验证所选择的绿色低碳发展战略是否能够适合现阶段中国煤炭产业的发展情景和中国煤炭企业的发展目标。

4. 煤炭企业绿色低碳发展战略选择案例研究及对策建议分析

通过案例研究，以案例企业的绿色低碳发展战略管理实践，系统性验证本书提出的煤炭企业绿色低碳发展战略类型的合理性和实用性，根据案例企业的经营情况找到绿色低碳发展战略的主要影响因素，确定最优的绿色低碳发展战略组合，提出绿色低碳发展战略实施的对策建议和保障措施，引导煤炭企业在不损害社会效益和环境效益的前提下，创造经济效益，实现各个方面的协同发展。

（二）研究方法

1. 文献研究法

广泛收集与煤炭企业绿色低碳发展相关的国内外文献，通过对战略管理研究、绿色低碳发展研究、煤炭企业绿色低碳发展战略研究文献的梳理和分析，了解研究现状，在此基础上定义本书核心概念，并明确现有研究的不足和空缺，为后续研究奠定基础。

2. 质性研究方法

扎根于中国煤炭企业的管理实践，对煤炭企业绿色低碳发展战略选择进行探索性分析。通过深入访谈、问卷、材料收集等方式，收集煤炭企业绿色低碳发展战略选择影响因素的相关底层数据，通过开放性编码、主轴编码、选择性编码等流程逐层归纳概念和范畴，以提炼研究结论，并进行理论饱和度检验。基于实证调查数据分析和验证煤炭企业绿色低碳发展战略选择对企业绩效的作用关系。

3. 统计分析和结构方程模型法

通过 SPSS 和 Amos 软件对数据进行统计分析，基于结构方程模型进行推演和运算，通过构建测量模型和结构模型来验证样本数据与变量之间的关系，并验证所提出假设的正确性。

4. 案例分析法

针对煤炭企业绿色低碳发展战略选择问题，选取具体企业进行案例研究，通过实际案例分析煤炭企业绿色低碳发展战略选择理论模型的具体运作流程，以证实所提出的理论，验证其合理性，并基于案例分析提出对策建议。

三、煤炭企业绿色低碳发展战略选择研究思路

（一）研究思路

煤炭企业面临着巨大的节能减排压力以及激烈的市场竞争，在倡导资源型经济绿色转型的政策背景下，煤炭企业需要通过绿色低碳发展来满足外部环境的变化和内部发展的要求，实现绿

色低碳发展。本书是在一定的行业背景下，立足煤炭企业战略管理实践开展研究，采取理论研究与实证研究相结合的方式，研究成果既具有理论价值，又具备指导煤炭企业发展的实践指导意义。

本书首先通过对煤炭企业绿色低碳发展战略相关文献、战略管理相关理论的回顾，对研究成果进行梳理，分析了煤炭企业绿色低碳发展战略选择驱动力。在此基础上，基于扎根研究进一步探究煤炭企业绿色低碳发展战略选择的影响因素，结合理论推导提出煤炭企业绿色低碳发展战略类型，剖析煤炭企业绿色低碳发展战略选择对企业绩效的作用关系，形成煤炭企业绿色低碳发展战略选择理论模型。最后，借助实证研究和案例分析验证理论模型，并提出结论、建议和未来研究展望。

（二）研究框架

本书研究框架共由七章组成。

第一章：煤炭企业绿色低碳发展战略选择研究现状。阐述煤炭企业绿色低碳发展战略选择的研究背景、研究意义，提出本书研究的核心问题，说明研究内容、研究方法，明确研究思路、研究框架，并阐述本书的创新点。

第二章：煤炭企业绿色低碳发展战略选择影响因素质性研究。从战略管理研究、绿色低碳发展研究以及煤炭企业绿色低碳发展战略研究 3 个方面进行梳理和分析，并对前人的研究进行评述，找到现有研究存在的不足之处。在梳理前人相关研究成果的基础上界定本书涉及的核心概念及其特征，为后续研究奠定坚实的理论基础。

第三章：煤炭企业绿色低碳发展战略选择理论假设与模型构

建。以煤炭企业为研究对象进行质性研究，扎根于煤炭企业管理实践，从现象中寻找概念，将概念归纳为范畴，将范畴提炼为理论，得到绿色低碳取向、企业资源与能力、利益相关者压力、市场绿色竞争 4 个方面的煤炭企业绿色低碳发展战略选择影响因素，形成煤炭企业绿色低碳发展战略选择影响因素的理论模型。

第四章：煤炭企业绿色低碳发展战略选择实证研究。基于制度理论和核心竞争力理论进行企业绿色低碳发展战略选择驱动力分析，将扎根研究结果、驱动力分析结果与文献研究和理论推导相结合，凝练出 4 种不同的煤炭企业绿色低碳发展战略类型。在煤炭企业绿色低碳发展战略类型得以明确的基础上分析煤炭企业绿色低碳发展战略选择影响因素对战略类型选择的影响关系，以及不同类型的煤炭企业绿色低碳发展战略对企业绩效的影响关系，并提出相关假设，进而构建煤炭企业绿色低碳发展战略选择的理论模型和实证模型。

第五章：煤炭产业绿色低碳发展问题分析及策略研究。根据已经构建的理论模型、实证模型和研究假设进行煤炭企业绿色低碳发展战略选择实证研究设计和分析，对样本数据进行了描述性统计分析，通过信度和效度分析明确了信度和效度良好，通过结构方程分析，验证假设，明确煤炭企业绿色低碳发展战略选择影响因素对战略类型选择的影响关系，以及不同类型的煤炭企业绿色低碳发展战略对企业绩效的影响关系。

第六章：煤炭企业绿色低碳发展战略选择案例分析。基于对案例企业实际情况的分析，找到绿色低碳发展战略选择的主要影响因素，系统性验证本书提出的煤炭企业绿色低碳发展战略类型的合理性和实用性，确立最优的绿色低碳发展战略组合，提出煤炭企业绿色低碳发展战略实施对策建议和保障措施。

第七章：基于 LMDI 因素分解法的山西煤炭企业绿色低碳发展策略分析。在对山西煤炭企业绿色低碳发展的现状从优势、劣势两个层面进行全面剖析的基础上，选取山西煤炭企业碳排放影响因素，借助 LMDI 因素分解法揭示这些因素对山西煤炭企业绿色低碳发展的正负向作用；在因素分解的结果上，从内外部角度分别提出了推进山西煤炭企业绿色低碳发展的应对策略。

四、煤炭企业绿色低碳发展战略选择研究创新点

（一）提出煤炭企业绿色低碳发展战略类型

将煤炭企业绿色低碳发展战略选择影响因素的扎根研究结果、驱动力分析结果与文献研究和理论推导相结合，提炼出 4 种不同的煤炭企业绿色低碳发展战略类型，分别是反应性绿色低碳发展战略、合作性绿色低碳发展战略、适应性绿色低碳发展战略、前瞻性绿色低碳发展战略。煤炭企业绿色低碳发展战略类型的明确是进一步分析战略作用和进行战略选择的基础。

（二）凝练扎根于中国煤炭企业管理实践的绿色低碳发展战略选择影响因素理论模型

尝试打破模仿西方的研究模式，根据国内煤炭企业的状况和特点，从现象中寻找概念，将概念归纳为范畴，将范畴提炼为理

论，逐步向上层构建理论。国内研究者多是基于外国形成的理论基础进行更深入的研究或者对于国外研究的理论进行检验，此类研究思路得出的理论模型只是国外理论的延续或检验，对于国内的煤炭企业管理适用性不强，本书扎根于中国本土的管理实践，深入煤炭企业中，利用质性研究的方法，在现象中发现概念、归纳概念，使理论从现象中自然涌现，凝练绿色低碳发展战略选择影响因素理论模型，形成符合中国煤炭企业状况的本土化战略管理理论体系。

（三）构建煤炭企业绿色低碳发展战略选择理论模型

构建了由"煤炭企业绿色低碳发展战略选择影响因素—煤炭企业绿色低碳发展战略类型—企业绩效"组成的煤炭企业绿色低碳发展战略选择理论模型，实证了不同影响因素对各类煤炭企业绿色低碳发展战略选择影响关系的差异，以及各类煤炭企业绿色低碳发展战略选择对企业绩效影响关系的差异，形成煤炭企业绿色低碳发展战略选择的系统性研究，弥补该研究领域的不足。

（四）揭示煤炭企业绿色低碳发展战略选择的准则

根据中国煤炭企业实际情况提炼绿色低碳发展战略选择影响因素，结合各类煤炭企业绿色低碳发展战略选择对企业绩效的影响关系，洞悉煤炭企业绿色低碳发展战略选择机制，为煤炭企业的战略管理实践提供准则和参考，具有重要的现实意义。

五、煤炭企业绿色低碳发展战略选择研究综述

国内外研究文献综述是基于大量的文献搜索、阅读、整理、分析而形成的，通过中国知网、Web of Science、Google Scholar、Special SciDBS、万方平台等国内外数据平台和文献检索工具，以"绿色低碳发展"、"可持续发展"、"煤炭企业"、"战略管理"、"资源型经济转型"、"环境战略"等主题和关键词进行检索，由于绿色低碳发展概念是基于绿色发展、低碳经济、可持续发展基础上诞生的新型概念，在国内外相关研究中很少直接涉及绿色低碳发展。在这样的情况下，本书筛选出与绿色、低碳、可持续发展相关度高的文献进行研究，从战略管理研究、绿色低碳发展研究以及煤炭企业绿色低碳发展战略研究3个方面进行梳理和分析，以寻找对于煤炭企业绿色低碳发展战略选择研究的启发。

参考文献主要来自认可度高、影响力大的高级别国际、国内学术期刊和集中研究煤炭企业、煤炭产业绿色发展领域的专业性期刊以及高水平专著，其中国外期刊包含 *Academy of Management Journal*、*The management of strategy*、*Energy* 等；国内期刊包含《南开管理评论》、《管理世界》、《经济管理》等。

在确定了文献研究思路后，本书对相关概念进行了界定，并对战略管理相关研究和煤炭企业绿色低碳发展相关研究进行了大量的梳理和深入的剖析，总结研究现状并对前人的研究进行评述。

（一）战略管理理论相关研究综述

"战略"的概念最早产生于军事领域，是指基于政治、经济、地理、科技水平、军事实力的分析，对战争进行全局的计划和指导策略的制定。而英文中，战略对应的词是"strategy"，最早由希腊语中的"strategos"演变而来，含义是"为将之道"，后演变为军事指挥中的活动的含义。而中国自古即有"战略"的相关概念，被称为"谋"、"略"、"方略"等，是古代军事家的重要研究领域之一。"战略"后期被引入各个领域中，于20世纪60年代被引入企业管理中，并对其生产经营活动起到指导作用，而后在企业管理领域有了更长足的发展（谭力文和丁靖坤，2014）。

1. 战略管理概念的界定

战略管理概念的首个明确定义是来自计划学派代表人物 Ansoff（1965）的 *Corporate Strategy：An Analytic Approach to Business Policy for Growth and Expansion*，书中提出战略是一种决策，战略管理是从决策制定到实施的动态管理过程，是企业高层管理者对企业发展和经营活动所进行的规划与指导。

在 Ansoff 定义了战略管理后，众多学者试图再次定义战略管理。例如，Mintzberg（1987）对这些定义进行了深入的分析，并在其中筛选出了对战略进行了充分、合理阐述的 5 个定义。他认为天性使人们很容易对各种概念只坚持自己认可的某一个定义，但战略管理领域不能仅依靠单一的定义，明确识别多种定义可以帮助研究者更好地认识战略管理，所以他在综合前人研究的基础上，提出"战略是一种计划"（Plan）、"战略是一种计谋"（Ploy）、"战略是一种模式"（Pattern）、"战略是一种定位"（Position）、"战略是一种观念"（Perspective），从 5 个不同层次解释了战略。这 5 种定义的解释如表 1 - 1 所示。

表 1 - 1　5 种战略定义

定义	核心观点
战略是一种计划 （Plan）	战略是一种有目的、有意识的行动过程，可以是概括性的计划也可以是非常具体的计划。作为一种计划，它具有两个明显的特征：一是在行动之前制定；二是具有目的性和意识性。在行动之前制定的战略富有预见性，可以指明企业的发展方向，指导企业的发展路径
战略是一种计谋 （Ploy）	战略动态的、竞争性的一面可以表现为进行讨价还价等博弈的计谋，利用一系列手段使竞争对手做出错误判断，从而降低竞争对手反击的可能性，最终取得竞争优势
战略是一种模式 （Pattern）	战略可以是预先谋划的，也可以是已经实现的，所以仅仅被定义为计划是不全面的，战略可能不是被设计的，而是行为造成的结果，计划不一定被实施，而行为的模式是已经被实施的
战略是一种定位 （Position）	战略是企业在市场中的定位。战略是连接企业与市场、企业内部与外部环境的中间力量，是实现自己在市场中的定位所采取的一系列措施，可以包含计划、计谋、模式三个定义中的内容
战略是一种观念 （Perspective）	战略作为一种观念，不仅是选择市场定位，而且更加关注企业内在，是企业固有的认识世界的方式。同时，也是企业个性特征的表现，是主观的，能够反映出企业决策者的思维和观念

　　Robbins 和 Coulter（2012）认为，战略是关于组织如何在竞争中获胜、如何生产经营的各种方案，而战略管理则是组织管理者制定战略的重要任务，战略可以分为高层管理者负责的企业战略、中层管理者负责的竞争战略、基层管理者负责的职能战略 3 种。企业战略是关于公司业务选择和业务开展方式的指导战略，其中包含以扩大现有业务或拓展新业务为主的成长战略、以稳步从事现有业务为主的稳定战略以及借助重组组织运营、降低企业成本而解决绩效下降问题的更新战略。

　　Ireland 等（2013）认为，战略管理是一家公司为了打造竞争对手无法复制或无法低成本模仿的竞争力，且可以为公司带来超预期的利润而实施的一系列决策和行动的过程。在此过程中，公司要基于对外部环境的认识，选择自己的战略输入要素来源。他们认同了 Zhang 和 Gimeno（2010）关于战略管理是一个动态过程的观点。

综上可知，战略不仅是一种工具，而且是一个过程，是企业对于事物的认知框架的构建过程，基于未来环境的变化与企业发展的关联而对未来资源进行配置，战略是动态的，与外界环境和企业自身的变化共同演进，以此来应对不断变化的环境，可以为企业提供解决问题的思路，指导企业实践。

2. 战略管理理论研究综述

（1）战略管理理论的演进。自战略管理的概念于 20 世纪 60 年代被明确提出后，战略管理受到了学界的广泛关注，成为学术热点，在近 60 年的演进过程中出现了大量的研究成果，其发展过程可分为以下六个阶段：

1）战略规划阶段（1960～1970 年）。20 世纪 60 年代被称为战略规划时代，正如上文所提到的，Ansoff（1965）在 *Corporate Strategy* 一书中明确提出了战略管理的定义，其与同一时期的《战略与结构：工业企业史的考证》等著作是战略规划时代的代表著作。战略规划时代的核心观点是企业要对外部环境进行充分的分析和认识，找到外部的机遇和威胁，洞悉外部环境的发展趋势，通过为企业未来行为的谋划使企业可以更适应外部环境，抓住新的发展机遇，规避潜在风险，其核心思想是企业与外部环境相匹配。战略规划时代的研究成果为后期战略管理理论的发展和理论体系的形成打下了坚实基础（杨锡怀和王江，2010）。

2）经典战略管理理论阶段（1970～1980 年）。20 世纪 70 年代后步入战略管理时代，由于当时经济环境发生巨大变化，企业的国际化发展加剧了各国的市场竞争，被动的计划无法应对外部变化。在这样的情况下，Hannan 和 Freeman（1977）提出了环境学派的基本观点"战略是反应的过程"。环境学派倡导环境适应论，认为企业需要主动地对不确定的环境及时调整战略，以应对环境的变化。也正是在这个年代，环境学派发展迅速，出现了Mintzberg、Hannan、Freeman 等代表人物。

3）竞争战略阶段（1980～1990 年）。20 世纪 80 年代初，战略管理研究领域的定位学派迅速崛起，定位学派的重要代表之———哈佛大学的 Porter，于 1980 年基于市场是充满竞争和利润的前提，提出企业战略的核心是获取竞争优势，打造竞争力，应当重视战略的内容，制定战略的过程实际是分析的过程。后期Mintzberg（2002）对于定位学派的评价是"为战略管理学术研究开辟了许多途径，并为实践活动提供了一套强有力的理论工具"。与定位学派同一时期诞生的行业结构学派、战略资源学派进一步完善了战略管理理论体系，西方学者更加重视战略管理领域的研究（夏辉，2003）。也正是在这一时期，中国的战略管理研究告别了完全缺失的时代，正式引进了第一部战略管理著作 Ansoff 的《企业战略论》，开始出现了一些中国学者进行战略管理的基础研究（金占明和杨鑫，2003）。

4）动态竞争战略阶段（1990～2000 年）。步入 20 世纪 90年代后，曾由 Wernerfelt（1984）在战略管理学界的权威期刊 *Strategic Management Journal* 上提出的资源基础论受到了广泛认可，资源基础论认为企业是资源的集合，企业所拥有的资源和资源的运用对于获取竞争力至关重要，并借助资源—产品矩阵明确了资源视角的新战略选择。

核心能力学派的核心能力理论同样是该阶段的主流理论之一，核心能力理论的代表观点是由 Prahalad 和 Hamel（2006）在 *Harvard Business Review* 上提出的，企业的高级管理者应该拿出很大一部分时间用于制定战略框架，战略框架的制定可以形成构建核心竞争力的目的，战略框架可以鉴别未来应该打造哪些核心竞争力、需要何种技能的路线图。

5）知识基础观阶段（2000～2010 年）。随着互联网技术的快速发展和应用，上网人口数量激增，大数据时代随之到来，越来越发达的网络体系促进了各个市场的接轨，依靠传统资源和垄断地位的战略模式难以维持竞争优势，而通过基于知识创造、转移、改进的创新成为企业打造新型竞争优势的关键，战略管理理论的前沿热点也逐渐转向基于知识基础观的战略研究问题（谭力文和丁靖坤，2014）。也正是在这一时期，国内的战略管理研究领域从以借鉴西方战略管理研究为主过渡到了依靠中国学者自己建立的理论体系和研究方法为主的阶段，不断出现理论创新、方法创新，基于中国的实际情况构建了具有中国特色的战略管理理论框架，围绕国际化战略、战略管理情境、网络战略、战略绩效评价、战略选择等前沿问题研究出了大量的成果。

6）国际化战略阶段（2010 年至今）。随着中国市场与外国市场接轨程度进一步提高，中国企业国际化发展的障碍和壁垒不断减少，海外经营规模日益扩大，国际化发展成为部分中国企业发展到一定阶段的最佳选择，而国际化战略作为指导中国企业海外扩张的战略至关重要。邓新明等（2014）基于 2006～2010 年民营上市企业的数据对企业国际化发展进行了研究，提出国际化对于企业价值具有正向影响，并发现已经在母国构建了政治关联的企业，其国际化战略更有可能提升公司的绩效。

在市场要素不断变化，中国企业外部环境日新月异的情况下，战略管理情境逐渐不同。魏江等（2014）基于对西方战略管理者的重要研究成果进行全面整理和分析，结合中国学者的主要观点，提出了战略管理研究的六大情境，包含全球竞争的深度融入性、制度环境的独特性、商业伦理重塑的迫切性、组织网络形态的无界性、信息技术的全面渗透性、创新创业范式的突破性，并根据这六大情境指出当前中国具有特色的情境为完善战略管理理论体系创造了便利的条件，下一步研究应坚持多视角、多方面、跨领域原则。

在全球经济一体化的大背景下，企业竞争环境的不确定性加剧，企业战略选择面临着更大的风险，要在全球视野下研究中国企业战略管理的理论和实践问题，提升中国企业战略管理水平，与国际相接轨，以应对不断增加的战略选择风险（刘云芬等，2014）。

（2）战略绩效评价研究。随着现代企业管理体制的完善、管理理论体系的构建以及管理水平的提升，企业对于战略的理解经历了从无到有、从忽略到重视的过程，但战略管理不仅仅是战略制定、设计、选择、实施的过程，战略绩效评价同样是战略管理的重要组成部分，是战略正确性、合理性、适用性的关键支撑。战略绩效评价重要性的认识以及战略绩效评价研究的缺失，引起了学界对于战略评价的关注。

战略绩效评价是指基于特定的评价标准、方法、模型，结合企业自身经营情况和外部环境，从财务指标、非财务指标等不同方面，综合衡量企业战略目标的实现情况，并进行信息反馈和有效控制的过程（王晓辉和刘昊龙，2015）。

早期的绩效评价多以财务指标作为核心，重点采用投资报酬率、营业收入、利润等具有鲜明可比性且易获取的指标。杜邦公式正是该时期的最具代表性的评价范式之一，杜邦公司的管理人员 Donaldson Brown 认为衡量公司赢利能力和股东权益回报水平是评价绩效的最佳途径之一，他们从财务角度构建了杜邦公式，即投资报酬率＝资产周转率×销售利润率，并提出了杜邦财务分析系统。

但仅仅依靠财务指标来判断公司的未来，难以得出满意的结果，市场份额、创新能力等一系列非财务指标比一些财务指标更具有反映绩效的代表性（德鲁克，1999）。在知识经济的背景下，企业无形资产的开发利用对于企业竞争优势影响力不断增大，非财务指标的作用效果日益明显（王化成和刘俊勇，2004）。随着管理工具的不断创新，信息技术的进步和数据库的完善，为使用非财务指标进行战略评价打下了良好的基础，在这样的情况下，非财务指标被引入战略绩效评价，使战略评价问题由单维度的财务指标评价转向了综合指标体系。主流的战略绩效评价方法包含平衡计分卡、绩效棱柱以及基于系统动力学的绩效评价等。

哈佛大学的教授 Kaplan 与诺顿研究院的 Norton（1992），在意识到传统财务指标评价方法的局限性后，在 *Harvard Business Review* 上首次提出了平衡计分卡（Balanced Score Card）概念，平衡计分卡超越了以传统财务指标为主的度量模式，将顾客、流程、学习与成长 3 个维度与财务维度结合，形成了为使企业战略转变为企业行为的一种绩效评价体系，是战略管理的重要工具，它可以将企业当前的行为和长期的战略目标有机连接，是实现战略目标的关键保障。

而后，平衡计分卡被进一步完善并广泛用于战略绩效评价等方面。宁宇新和李悦玲（2016）将粗糙集理论引入基于平衡计分卡的战略绩效评价，利用信息熵确定指标权重，更科学地评价战略绩效。贾鹏和董洁（2018）将标准的四维平衡计分卡改变成财务、客户、协同能力、物流能力、学习与成长 5 个维度，运用可拓优度评价方法建立了平衡计分卡指标体系，提升了平衡计分卡的可用性和实用性。

许金叶等（2018）提出了基于企业上一年计划实现情况以及外部环境变化情况而不断滚动调整的平衡计分卡模式，在一定程度上赋予了平衡计分卡滚动计划属性，并结合关键绩效指标构建了企业战略绩效评价体系。

单纯改变平衡计分卡维度和指标无法使评分卡从本质上打破静态局限性，在管理实践中越来越多的管理者发现平衡计分卡的静态特征使时间延迟被忽视，难以适应企业战略和外部环境的不断变化。系统动力学作为动态系统工具，能够揭示动态反馈的作用机理，弥补了平衡计分卡单向静态因果的局限性，惠树鹏和郑玉宝（2016）、徐光华和周小虎（2008）等对于将系统动力学与平衡计分卡相结合的方法进行了探索，初步构建了更加有效的动态平衡计分卡。

战略绩效评价应把财务目标与非财务目标结合，既要考虑战略过程目标也要考虑战略结果目标，基于共生性原则和平衡计分卡的四个维度，在系统动力学模型中引入以劳动就业、商业道德、环境保护等方面间接影响企业的社会绩效指标，形成由经营绩效促进财务绩效，进而推动社会绩效的系统回路，基于系统回路的作用机理，从经营绩效、财务绩效、社会绩效三大方面综合评价企业战略绩效（徐光华和周小虎，2008）。

惠树鹏和郑玉宝（2016）基于系统动力学与平衡计分卡的共生性和互补性，通过将社会责任维度的指标加入平衡计分卡，完善平衡计分卡指标体系，形成五维动态平衡计分卡，并根据各要素之间的作用关系构建因果回路图和存量流量图，借助模拟仿真不断完善评价模型。

绩效棱柱是另一项被广泛用于绩效评价的工具。Neely 等（2002）通过搭建三棱柱框架模型进行绩效评价，三棱柱的 5 个面代表与企业绩效存在关联的 5 个方面要素，分别是利益关联者的满意度、利益关联者的贡献、企业战略、业务流程、企业能力，将 5 方面要素细化后的关键问题引入棱柱模型中进行测量以评价绩效，并明确其相互作用机理，提升战略决策水平。与平衡计分卡相比，绩效棱柱将关注范围扩大到了全体利益相关者，以全体利益相关者满意度为核心来梳理各项指标。

综合前人的研究成果不难看出，战略绩效评价从单一的财务指标评价渐渐发展为与非财务指标结合的综合评价体系，渐渐打破了传统评价方法的静态局限性，引入系统动力学等其他视角的方法与传统方法结合，形成更有效的跨学科新兴评价方法成为主流趋势之一，评价的核心关注点由单纯的企业利益转变为顾客、企业、股东、供应商等各方利益相关者的利益，更加全面地评价战略绩效。但是，跨学科融合的新兴方法研究尚处于初级阶段，对战略的制定、选择、实施与绩效之间的作用机理没有明确，以系统视角进行的战略评价仍比较浅显，且与实践结合不足，理论研究尚不能很好地指导管理实践，应进一步加大实证研究力度，提升理论与实践的切合度。

（二）绿色低碳发展相关研究综述

1. 绿色低碳发展概念界定

绿色低碳发展是煤炭企业的新型发展方式，是指在生态环境容量和资源承载能力允许的范围内，煤炭企业作为煤炭资源的载体，在开发和利用煤炭资源的过程中可以带来经济效益和环境效益的经济实践活动，其内在关键要素包括合理利用煤炭资源、维护生态环境、维持生态平衡，实现煤炭资源绿色低碳利用和经济与生态可持续发展（赵国浩，2010）。绿色低碳发展要建立在可持续发展的基础上，通过理论创新、资源配置优化、技术改造、管理体制完善等多重方式相结合，以低能耗、低污染、低排放为基础的经济增长路径，在经济得以增长的同时，具备生态可持续性、社会可持续性，是一种新型经济发展形态，能够让煤炭产业可同时兼顾生态环境保护与产业发展。

20 世纪末，国际上已经有一些学者关注到了煤炭企业的可持续发展，并进行了一些基础性的研究，而煤炭企业绿色低碳发展方面的研究热潮产生于 21 世纪初，随着煤炭产业发展带来的环境问题日益加剧，绿色低碳发展概念被明确提出，并且有越来越多的专家学者开始关注煤炭企业的绿色低碳发展，研究侧重在煤炭企业绿色低碳发展的理论、评价、路径、影响因素、战略、相关政策等多个方面，但是目前的研究尚存在空白和薄弱的环节，如研究方法较为单一，理论体系不够完善，研究缺乏系统性和完整性。

鉴于此，本节对煤炭企业绿色低碳发展的定义进行论述，阐明主流研究方向，梳理煤炭企业绿色低碳发展研究现状，分析了绿色低碳发展的影响因素、评价方法、路径与模式、相关政策，并对前人的研究成果进行评价。

2. 绿色低碳发展研究综述

（1）绿色低碳发展影响因素的研究。绿色低碳发展与人口、经济、技术紧密相关，三者相联系可形成人类对环境压力影响因素的 IPAT（I = Impact，P = Population，A = Affluence，T = Technology）分析方程，碳排放的驱动力也正是以经济、人口、技术为主的一系列因素的综合作用（Ehrlich 等，1971）。著名的 Kaya 公式也在很大程度上说明了二氧化碳排放的相关因素，根据对人口、经济、能源与人类活动产生二氧化碳之间的数量关系的研究，提出由人口、人均 GDP、每单位 GDP 的能源消耗、每单位能源消耗的碳排放量四个因子相乘可以得到经济活动所产生的碳排放量（Kaya，1989）。IPAT 方程和 Kaya 公式结合延伸发展出了 STIRPAT 模型（$I = \alpha P^b A^c T^d e$），其中，α 为模型的系数，b、c、d 为各自变量指数，e 为误差，加入指数让公式可用于解释人类活动对二氧化碳排放的非比例影响（Dietz 和 Rosa，1994）。通过使用 STIRPAT 模型分析碳排放的影响因素可以看出，国内二氧化碳排放量的解释作用最突出的因素是人口（魏一鸣等，2008）。

可见，早期的研究主要集中在碳排放的影响方面的研究，而后随着低碳概念的提出和推广，研究热点转向低碳经济、低碳发展影响因素。发展阶段、资源禀赋、消费模式、技术水平是较早被定义的影响低碳发展的重要因素（付加峰等，2010）。而后王圣等（2011）采用对数平均权重 Divisia 分解法，分析了经济发展、能源效率和能源结构对于碳排放量的影响，结果表明改善能源效率和能源结构的作用比较有限，而经济发展是主要影响因素。相较对数平均权重 Divisia 分解法，使用广义费雪指数（GFI）方法有更明显的效果，通过该方法拟合以能源效率、能源结构、经济发展作为影响二氧化碳产生的重要因素的特征，可得出各影响因素的动态演进过程（田立新和张蓓蓓，2011）。张淑英（2012）通过中国煤炭工业低碳发展 3E 模型，研究得出转型低碳经济过程中，企业的用能结构的优化仍是影响企业低碳发展的首要因素，并从战略方向、战略保障、战略核心和战略措施四个方面提出了煤炭资源低碳利用的政策建议。

在煤炭产业低碳发展的问题上，针对影响因素中压力因素方面的研究认为，低碳经济理念的欠缺、碳减排压力、非化石能源的开发对于煤炭企业低碳发展有重要的影响；针对影响因素中推动力因素方面的研究认为，管理创新、资金支持、人才培养、信息化有重要的影响（谭玲玲，2015）。实现观念、结构、科技、消费方式和管理五大方面的创新，对于低碳经济的推动作用受到了冯之浚和牛文元（2009）与 Liu 等（2011）研究的认可。

可见，目前大部分研究都是针对碳排放、低碳经济的影响因素，虽然这些因素在一定程度上可以反映出对于绿色低碳发展的影响，但关联程度尚待进一步确认。人口、经济、环境仍是对整个煤炭产业和大型煤炭企业绿色低碳发展具有较强影响的因素，可通过系统方法进一步深入研究，确定能够推动煤炭企业绿色低碳发展的关键性影响因素，以及阻碍绿色低碳发展的重要问题，有助于科学制定绿色低碳发展战略和实现煤炭企业可持续发展。

（2）绿色低碳发展路径与模式研究。在煤炭企业绿色低碳发展战略的实施过程中采取的发展路径和模式，对于经济效益的提升和绿色低碳的实现起着关键性的作用尤为重要。绿色低碳发展模式往往基于循环经济的实现。从绿色管理模式、低碳生产模式、循环使用模式、绿色营销模式和绿色物流模式五个方面入手，结合企业的经营特质，可构建煤炭企业循环经济发展模式。胡兆光（2009）提出，能源的低碳发展实际上是寻求帕累托改进，是最大限度地减少能源消耗和二氧化碳排放；同时保持经济稳定增长的过程，实现低碳发展模式需要从三方面着手，一是要充分利用市场调节机制，二是要发挥政府政策的导向作用，三是要通过行政手段优化能源结构。胡兆光的研究主要从市场和政策路径着手，而刘海滨和郭正权（2010）的研究主要从技术层面入手。他们针对低碳发展模式中的煤炭资源低碳利用方面提出三条路径：一是使用洁净燃煤技术，最小化二氧化碳排放；二是发展和使用低排放、高产量的煤发电技术；三是鼓励发展新型煤化技术以减少燃煤污染。也有研究将技术和政策结合探究煤炭产业的绿色低碳发展路径和模式，如程宇航（2010）认为，要实现产业升级中的绿色低碳发展，可选择推动绿色低碳技术自主创新、发展绿色低碳能源、加快产业生态化进程，建立资源节约型产业体系；范英等（2010）提出，可以通过推动低碳经济发展和合理开发与推广减排技术来实现化石燃料的低碳利用以及节能减排目标。

2011 年后，随着国内、国际环境保护压力日益增大，绿色低碳发展的关注度持续升温，越来越多的学者投入该领域的研究，出现了大量的相关研究成果，更多绿色低碳发展模式被提出。马岩和鲁江（2011）以煤炭行业为例，探讨了四种可以实现循环经济的低碳发展模式，分别是煤炭企业低碳经济模式、资源经济型城市低碳发展模式、煤炭能源化工基地低碳经济发展模式、低碳经济区域发展模式。而绿色低碳发展途径的研究也进一步拓展到更深入的方面，提高煤炭回收率、加大节能力度、提高用电效益、加大节水力度、加大科技投入力度等被认为是煤炭企业发展低碳经济的有效路径（卫屹和于彦新，2012）。刘琳琳（2014）认为，低碳经济和循环经济之间并非单纯的替代关系，循环经济可推动低碳发展，低碳生产技术的发展、循环经济原理的应用、煤炭企业管理机制的完善可实现循环经济。赵国浩（2015）针对煤炭经济的发展模式进行了全面的研究，在微观层面，通过推行清洁生产以实现生产主体的循环经济模式；在中观层面，生态工业园区的建设将不同的企业和工厂连接起来，形成一个相互依存的系统；在宏观层面，进行全面的废物回收和再次利用，以物质和能量的循环推动低碳经济的模式。

当前国内外学者通过完善法律制度、推动低碳经济发展和合理开发与推广减排技术等方面的研究，提出实现绿色低碳发展的路径与模式，但所提出的路径与模式缺少系统思维和战略性视角，难以产生很好的效果。在探究清楚绿色低碳发展的动因以及对组织绩效带来的影响的基础上，与绿色低碳发展战略相融合，才能找到最优的发展路径和模式。

（3）绿色低碳发展评价方法研究。随着煤炭产业的不断发展，研究者开始关注煤炭企业绿色低碳发展水平的评价问题，逐步采用不同的方法从浅层到深层地评价煤炭企业的绿色低碳发展水平。最初的研究致力于评价二氧化碳排放水平、能源效率，这些评价可间接反映煤炭产业的绿色低碳发展水平，为后期该研究领域的发展奠定了良好的基础（赵国浩等，2000）。早期的研究主要从发展情况和协调情况角度进行考量，通过构建评价指标体系衡量能源产业发展水平，如周德群和汤建影（2001）针对能源低碳利用评价方面设计了包括燃料燃烧过程消烟除尘率、工艺废气净化处理率、工业废弃物利用率的能源与环境协调水平指标，并使用主成分分析法进行了测度。

21 世纪初，随着火电厂的大批建设投产，发电用煤成为最主要的煤炭消耗途径之一，绿色低碳发展评价研究领域的早期学者致力于评价煤电企业的低碳发展水平以反映整个行业的状况，当时盛行的方法是投入—产出法。国外学者通过 Malmquist 指数方法，在投入—产出模型的基础上，污染物被纳入产出指标，减少污染物排放的成本被纳入投入指标，通过这种方法可以评估燃煤电厂的低碳发展水平（Yaisawarng 和 Klein，2004）。Parikh 等（2009）同样是通过投入—产出法结合社会会计矩阵法对印度的二氧化碳排放状况进行了评价。而基于指数分解法提出的对数平均迪氏指数方法也是被周鹏等（2007）和韩松等（2016）广泛使用的一种能源效率的主流评价方法。虽然前人的评价方法已经在一定程度上可以判断绿色低碳发展水平的高低，但是绿色低碳发展水平评价的宏观指标过于聚合，无法衡量是否真正实现低碳，基于每单位 GDP 的二氧化碳排放量的单一指标体系不能完全解释或反映最终使用能耗和二氧化碳排放情况。

基于早期学者的研究和存在的问题，徐君和马栋栋（2012）以煤炭行业为例，提出了低碳发展水平评价的 9 项原则，即科学性、可操作性、系统性、动态性、定量指标与定性指标相结合及 3R 原则［Reduce（减少原料使用）、Reuse（重新利用）、Recycle（再次循环）］。根据这些原则的指导，研究更多地考虑到综合评价和多元方面，煤炭企业绿色低碳发展水平的评价方法被进一步完善。例如，多级模糊综合评价法的使用，率先实现了多重因素综合评价，在针对电力企业的评价中，降低了一些无法精确描述指标的模糊性带来的偏差程度，更准确地反映了低碳发展水平（米国芳，2012）。又如吴玉萍（2012）站在煤炭产业链的角度，从生产、环境治理、低碳利用、低碳意识四个角度设计产业链的低碳发展评价指标体系，提出实现低碳发展模式的相关策略。

近年来，煤炭企业绿色低碳发展水平评价体系在经历了不断改善、不断延伸后，逐渐形成了较为成熟的，由低碳生产、低碳物流、低碳加工和利用、环境治理和低碳文化为主要框架的双层级评价指标体系，通过 AHP 和熵权法为关键指标赋予合理的权重，可对煤炭企业进行全面评价（李朋林和陆浩杰，2015）。

在绿色低碳发展评价方法领域的研究中存在大量的理论研究和实证研究，评价指标体系的设计主要包含人口、资源、经济、环境、社会五个层面，结构趋于较为全面和成熟，但在方法方面仍然以指数方法、投入产出法、主成分分析法和 FAHP 评价法为主，缺少方法上的突破，可进一步发掘新的方法以及传统方法与新方法相结合的混合方法。

（4）绿色低碳发展相关政策研究。实现煤炭企业绿色低碳发展是一个系统工程，需要政府、社会、行业、企业统一行动，共同努力，其中政府的影响和作用非常可观，因此，对促进煤炭企业绿色低碳发展的政策研究是学者们研究的重点领域。20 世纪末期，虽然各国相继出台了一些煤炭产业、企业的绿色低碳发展相关政策，但大多是单一政策，效果不佳。Blyth 等（2009）倡导多元化的政策组合取代单一的政策方法，并提出将技术专利政策与非歧视性价格机制相结合，实现以低成本减少碳排放量。Galinato 和 Yoder（2010）研究认为，需要调整税收政策来推动煤炭产业的健康发展，将税收与补贴一体化，按照能源价格比例，基于效用最大化模型对煤炭企业的高排放行为征收能源税，对煤炭企业的低排放行为给予相应补贴，改变传统碳税模式。Fuller 等（2009）表示政府的支持政策对提升能源效率有重要的作用，而能源效率的提升可在很大程度上推动低碳经济的实现。Campiglio（2016）探讨了货币政策以及金融监管对于转型低碳经济的影响，并对于低碳活动难以获得银行贷款问题提出了收取碳排放费、提高低碳企业信用评级等策略层面的建议。

可见，国外的研究多倡导一些间接性的辅助和利好政策以引导煤炭企业的绿色低碳发展，而国内的研究更注重直接性的政策工具以推动煤炭产业步入绿色低碳发展的轨道。黄新华（2007）

提出了一系列可行性强的政策手段包括排污权交易、限额、行业标准、监察机制等，这些政策工具的选择可根据细分行业的不同性质以及各项工具的优劣挑选适合的组合。在发展权和排放权得以平衡的情况下，通过对税收政策的调整，直接支持企业绿色行为，构建促进低碳发展的激励体系，这也是一种见效快、效果好的政策手段（金乐琴和刘瑞，2009）。除激励外，约束政策也具有重要的意义。制定法律法规是约束效力最强的途径之一，赵国浩（2014）提出可通过健全地方性环境法规，以完善地方性环境政策，地方性环境法是国家层面环境保护法的补充和完善，根据各地的具体情况而有针对性地制定对于环境破坏行为有较强的约束作用，是当地可持续发展的重要保障手段之一。在市场政策方面，通过建立碳排放权交易制度，增加企业碳排放成本，引导能源企业主动进行节能减排，有助于实现整个产业的低碳发展（李剑波，2016）。

近年来，绿色低碳发展相关政策的研究者意识到了国内地域广阔，不同省份的煤炭产业发展特点和背景差别较大，并提出煤炭产业的相关政策要充分考虑到地域差异性，不能一概而论。王珂英等（2015）基于空间自相关理论建立空间计量模型，分析了碳排放强度的地区差异和空间演进特征，并从政策层面提出长江经济带资源与生态补偿策略，倡导减排政策应充分考虑空间差异特性。

关于绿色低碳发展政策的研究侧重在提升能源效率、实现低碳经济和减少碳排放量等层面的政策工具的研究，未能结合煤炭资源开发利用过程中的行为特征来展开，也未能从中国的能源结构和减排目标特殊性着手，需要开展与行为特征和减排目标结合更紧密的研究。

（三）煤炭企业绿色低碳发展战略相关研究综述

当前，世界经济处于转型升级的历史转折点，中国经济由高速发展转向高质量发展，供给侧结构性改革不断深化，到了转换发展方式、改善传统产业的关键时期，国家层面采取了建立转型综改试验区等一系列举措，大力推动资源型经济转型，促进传统资源型行业绿色发展，而煤炭企业作为资源型经济的重要载体，其转型发展战略至关重要。本节对煤炭企业的概念提出了明确的界定，探究煤炭企业概念的内涵与外延，剖析国内外学者对于煤炭企业的理解，并在此基础上，梳理了国内外对于煤炭企业绿色低碳发展战略方面的研究。

1. 相关概念界定

（1）煤炭企业。煤炭企业作为资源型企业中的一类，其定义在很大程度上应参考资源型企业的概念，而资源型企业的概念源于对资源的理解，马克思和恩格斯（2009）曾对资源有所描述，劳动力和土地是财富的两个原始要素资源，加在一起才是财务的源泉。邢书河（2012）提出，资源是可以为人类所用的物质、能量和信息，可以分为自然资源和社会资源两大类，而自然资源中又包含土地资源、气候资源、水资源、生物资源、矿产资源。

资源是指可以产生利益的物质要素的来源或供给，包括人、财、物、能量、服务、信息等，是人类生存和发展的基础。资源还有多种不同的分类，按照地域可分为广泛存在的资源和局部存在的资源，按照经济学视角可分为经济资源和非经济资源，按照形成周期可分为可再生资源和不可再生资源。本书选取资源型企业作为研究对象，并选择具有典型性的煤炭资源企业为代表，因而本书中的资源特指自然资源类别中矿产资源里的煤炭资源。

早期，学界对于资源型企业没有统一的定义，通常以企业所依赖的资源界定企业类别，如煤炭企业、钢铁企业、石油企业等，随着中国资源型经济转型战略的提出，资源型企业概念受到了广泛关注，对概念的界定日渐增多。根据研究方向的不同、研究视角的不同，诞生了多种定义，虽然部分定义的本质相近，但仍然存在差异较大的观点，学界对于资源型企业概念的内涵尚未达成一致。

杨子平（2006）从劳动对象角度将资源型企业定义为，以矿山、油田、风力、海洋、森林等资源为劳动对象，通过对资源的提取而生产、制造人类需要的基础原材料的企业。资源型企业的生命周期通常在较大程度上受到所依赖资源的有限性和再生周期影响。宋宝莉和揭筱纹（2014）认为，资源型企业是以资源获取、加工为经营方式，将地下矿产资源和地上动植物资源生产加工为人类生存和发展所需要的产品，基于对资源的占有和获取而形成竞争力的企业，资源型企业的生产经营活动消耗大量的资源，并且往往对环境产生较大的影响。由于土地、矿产、石油等多种重要的自然资源属于国家战略性资源，由国家统一管理，所以中国的资源型企业多为国有企业。

上述观点属于广义的资源型企业，外延较宽泛，涉及各种生产要素和自然资源。而敖宏和邓超（2009）、李宇凯（2010）、郝祖涛（2014）等从狭义角度定义资源型企业，其外延较窄，主要涉及煤炭、有色金属等矿产资源。敖宏和邓超（2009）提出，资源型企业是"集合各种生产要素，主要以开发矿产资源为主，为社会提供矿产品以及初级产品，具有法人资格，实行自主经营、独立核算的营利性经济实体，如煤炭、钢铁、有色、石油、黄金等行业企业"，资源型企业对于资源高度依赖，其发展在很大程度上受到资源总量、技术水平、生产成本、产业链发展水平的影响。

李宇凯（2010）在综合了前人主流观点后提出，资源型企业是主要利用矿产资源的企业，更多是对不可再生资源的开发，依靠对具有不可再生性资源的占有和垄断来保障竞争优势地位，打造核心竞争力。郝祖涛（2014）认为，资源型企业以开发煤炭、有色金属等矿产资源为主，是供应初级产品的经济实体。林军（2015）指出，我国将资源型企业定义为开发、加工不可再生资源的经济主体，根据国际标准产业分类及国民经济行业分类，主要涉及矿产业分类和采矿业分类。曹翠珍（2015）认为，资源型企业是以矿产资源的开发、加工为主营业务的企业，其生产经营活动往往伴随着严重负外部性，对生态环境造成较大破坏。

通过对上述学者的研究梳理发现，在对于资源型企业的研究中，研究对象选取方式多种多样，既存在覆盖范围较广、较为笼统的研究对象，也存在非常具体的研究对象。其中，曹翠珍（2015）较为笼统地选取了煤炭、石油、冶金、电力及其上下游企业为调研对象，研究对象涉及多种不同类别的资源。郝祖涛（2014）则选取磷化工企业集群为调研对象，以单一类别的企业为基点，向其上下游产业延伸，逐步获得对整个产业的认识，以反映资源型企业的整体情况。其他学者的研究对象更为具体，例如，邢书河（2012）采用了多案例研究方法，选取了3家不同类型的资源型企业作为研究对象，通过对不同对象的研究得出同一研究结论，以提升对资源型企业研究的有效性。李凯宇（2010）、田富军（2012）、江卫（2012）均以具体的某一矿产资源型企业为例，通过对该企业的实证研究得出结论，既验证了其理论，也为该企业提出了可指导实践的对策，同时具备理论意义和实践指导意义。可见，对于资源型企业研究的对象和样本选取方式各有不同，从笼统地选取各个类别资源型企业为样本到以单一类别的产业集群为研究对象，再到以具体一家资源型企业为研究对象，皆可以通过恰当的研究方法进行有效的研究，并反映资源型企业的情况。

通过综合有关资源型企业广义角度和狭义角度的观点，结合煤炭企业的特征和经营实际，可以得出煤炭企业的概念。煤炭企业是将煤炭资源作为企业活动的物质要素，基于所占有的煤炭资源从事生产、加工、买卖、运输、技术开发等一系列的活动，以赚取超额利润为主要目标的经济主体，其活动往往伴随着对生态环境的影响，且经济效益递减。

本书选取煤炭企业作为资源型企业的代表开展研究，煤炭企业的定义具体包含以下 4 层含义：

一是对于煤炭企业内涵和外延的界定。煤炭企业以占有煤炭等相关矿物资源为基础，以煤炭资源的开采、生产、加工、买卖、运输、技术开发为经营方式，其输出的产品往往是原煤或初级加工矿物等原材料，其地理位置往往取决于煤炭资源的分布，是国民经济的重要组成部分，多数由国有资本控股，对所在区域的发展和能源供给起着重要的支撑作用。

二是明确煤炭企业的发展基础是资源，且对资源存在较强的依赖性。煤炭企业对于煤炭资源高度依赖，其技术、管理、创新商业模式、人才等无形资产的发挥都建立在对于有形矿产资源利用的基础上，煤矿的储量、煤质、地理位置等因素在很大程度上决定了煤炭企业的生产成本和产品质量，直接影响其竞争力。在企业生命周期方面同样是煤炭资源起着决定性的作用，煤炭资源储量大、开发合理的煤炭企业才能保持长足、稳定地发展，而煤炭资源储量小的煤炭企业可能因为资源枯竭导致企业走向生命末期。

三是煤炭企业存在于环境中，与生态环境有着共生性。煤炭企业与生态环境具有相互影响的共生关系。对于煤矿的开发和利用往往会改变当地的地质和生态环境，常常表现出较强的负外部性，引起水土流失、塌陷、植被破坏、空气污染等一系列环境问题，然而对于环境的破坏又极易给煤炭企业带来安全事故、行政处罚、生产成本增加等阻碍和影响企业发展的问题。只有当煤炭企业正视生态和环境的重要性，以环境友好的方式合理开发利用资源，将资源的消耗和污染排放维持在自然环境承载能力的范围内，才能稳固与生态环境的共生关系，实现企业与环境的协同发展。

四是强调煤炭企业的经济效益递减。煤炭企业的产品一般是从矿场中开采的直接产品或者是经过初步加工的初级加工产品，其产品的技术含量较少，主要依靠对于资源的占有而大量生产，通过技术创新、模式创新等方式给予产品的附加价值较小。而对于低附加值的煤炭产品而言，随着不断的开采，会导致开采环境逐步恶化，资源储量逐渐减少，环境治理投入加大，生产成本升高，而经济效益递减。煤炭企业也会随着储量的下降直至资源的枯竭而衰败。

（2）煤炭企业绿色低碳发展战略。绿色低碳发展战略是在低碳经济时代到来的背景下，高碳生产企业为改变传统发展模式，适应环境保护及生态平衡的需要，打造低碳产业而诞生的新型战略，煤炭企业绿色低碳战略是以可持续发展为目标，在传统发展战略的基础上融入了社会责任、环境保护等方面的考虑因素，以低能耗、低污染、低排放为基础的绿色经济增长战略，同时具备生态可持续性、经济可持续性、社会可持续性，是能够让煤炭企业可同时兼顾生态环境保护与企业发展的一种新型经济发展形态。与煤炭企业的传统发展战略相比较，绿色低碳发展战略的目标更加长远，致力于煤炭企业的长期可持续发展，降低短期经济利益因素对于战略制定的重要性，改变煤炭企业发展对环境带来的严重负外部性，打破传统战略的局限性，在战略层面融入对于经济发展和环境保护的平衡考虑，使煤炭企业得以更科学、环保、健康地发展。

2. 煤炭企业绿色低碳发展战略研究综述

在经济新常态及供给侧结构性改革的背景下，资源型经济传统粗放式的发展方式难以适应新宏观经济环境的特点，煤炭企业经历了整个产业"黄金十年"的快速发展后，面临着去产能、控成本、降污染、调价格等各项难题，而绿色低碳发展战略正是煤炭企业应对新常态、实现转型发展的重要举措。

田富军（2012）通过对义煤集团的实证研究充分认可了多元化经营战略对于煤炭企业可持续发展的贡献，针对煤炭企业设立了高效、创新、生态、和谐、学习五大可持续发展目标，构建了由资源开发战略、资本运营战略、人才培养战略、科技创新战略、企业文化战略和管理创新战略构成的发展战略体系。王太星（2015）指出，面对日益严峻的环境问题和社会压力，煤炭企业低碳转型是调整经济结构和解决环境问题的必然要求，有利于煤炭资源实现可持续发展，并且是煤炭企业实现绿色发展的有效途径。

近年来，各煤炭大省"去产能"压力日益增加，资源型经济转型持续推动，促使煤炭企业绿色低碳发展战略的重要性不断提升，结合绿色低碳发展的要求以及煤炭产业发展阶段的特点，绿色低碳发展战略倾向于多元化发展方向。李民（2014）采用 SWOT 分析方法对大型煤炭企业进行了战略选择分析，提出相关多元化经营战略和绿色物流战略是煤炭企业的最佳战略选择，应充分利用自身优势和外部机会，防范外部风险，以多元化降低单一业务风险，以绿色物流促进生态环境的修复和煤炭企业可持续发展。郭金刚（2016）在对中国煤炭企业发展环境进行 SWOT 分析的基础上，设计了以"多元化、创新驱动"为主要思路的绿色转型战略，提出以精细化管理模式推动煤电一体化战略、新兴能源与传统能源并举战略、煤炭与新兴经济多元化融合发展战略，优化企业的产业结构，实现多元化发展。可见，在煤炭企业的战略选择问题上，SWOT 分析被广泛使用，如今 SWOT 分析已不仅是一个战略分析工具，还蕴含了丰富的战略管理哲理，其中涉及的外部因素和内部资源是战略分析中最重要的两大因素，几乎任何一个战略管理理论中都蕴含着 SWOT 思想（谭力文等，2014）。

早期的煤炭企业战略管理研究多是以定性分析为主，基于研究者主观意识对于战略因素进行梳理，在很大程度上将个人偏见夹杂在研究结果中，使战略研究难免缺乏科学性。张伟等（2016）提出，仅基于定性分析的战略管理工具往往缺少对于决策相关要素的定量分析或者量化的考量标准，在明确了传统战略分析的局限性和缺点的基础上，尝试利用层次分析法将问题分解为若干层次的考虑因素，基于集对比较，将因素赋予权重以量化其重要程度，随后以具有代表性的煤炭企业为例，进行了 SWOT－AHP 模型的实际应用。

袁亮等（2017）基于对中国五大矿区煤炭企业开采现状的调研，以绿色低碳视角提出煤炭开发节能战略，即通过企业兼并重组，淘汰落后产能和落后装备，通过采煤机械的智能化、无人化，降低生产能耗，增加企业先进产能。Kretschmann 等（2017）提出为实现煤炭工业的健康、长足发展，企业应与大学、政府一同采取国际合作战略，通过信息交流、人员交流等方式将各个国家、地区、企业的知识和经验相互联系起来，推广有效的可持续发展经验，以知识转移提升可持续发展能力，达到社会、经济、环境 3 方面的平衡。冯蕾（2018）通过对张店煤矿运营情况进行透彻的剖析，认识到了循环经济在中小煤炭企业绿色转型中的重要性，倡导着力推动废物利用技术的创新与开发，以提升废弃物的综合利用率，并基于循环利用技术实现部分外购原料的内部供给，延伸企业自身产业链条，实现煤炭企业的绿色转型。金岩辉（2018）从政策视角解析了供给侧结构改革对于中国国民经济和煤炭产业的影响，构建了煤炭企业机械化、信息化、智能化以及自动化发展战略，"四化"战略的全面实施有助于煤炭企业在不久的将来全面实现无人开采模式的重大突破转型。

虽然学界对于煤炭企业绿色低碳发展战略的研究产生了大量的成果，但在企业实践过程中的效果并不理想。尽管企业层面对于节能、减排、环境保护的重视程度不断提高，越来越多的绿色、低碳、可持续发展战略被提出，但在实施层面仍然存在效果不佳的情况。在传统观念中，降低碳排放更多是一种政府行为，往往只有当减少碳排放与企业经济效益和财务利益相关并且企业决策者能够明显意识到时，才会被企业真正实施（Cooremans，2012；Ouyang 和 Shen，2017）。虽然如今存在一个普遍趋势，煤炭企业倾向丁朝着更加环保、可持续的方向发展，但是大多数煤炭企业选择的战略和配套对策未能产生预期的效果（Finnerty 等，2018）。

（四）评价与启示

通过对于煤炭企业绿色低碳发展战略研究的文献梳理可以发现，自人类大量开发利用煤炭资源以来，就对生态环境造成了巨大的破坏，随着生态环境的恶化，对于环境问题的关注日益增加，经济效益与环境效益协同发展的要求不断提高，煤炭企业必须要改变传统的发展战略，走上绿色低碳发展的道路。自战略概念诞生后，战略管理理论经历战略规划阶段、经典战略管理理论阶段、竞争战略阶段、动态竞争战略阶段、知识基础观阶段、国际化战略阶段，如今的战略管理研究呈现多视角、多层次、跨领域、跨学科的趋势，面对煤炭企业对于绿色低碳发展战略方面的大量现实需求，国内外各个战略管理学派的学者先后对煤炭企业绿色低碳发展战略进行了研究，产生了一定的研究成果，但是对于部分关键的问题尚未形成共识。

（1）绿色低碳发展的理论研究尚处于发展阶段，需要加强研究以有效地指导实践。虽然已经存在大量针对煤炭企业的可持续发展、循环经济、煤炭高效清洁利用等方面的研究，且这些方面的研究相对成熟，形成了理论基础，在一定程度上适用于煤炭企业绿色低碳发展，但关联程度尚待进一步确认。针对绿色低碳发展这一新概念的研究稀少，现有研究缺乏系统视野与战略性思维，没有形成足以指导实践的理论体系，特别是在绿色低碳视角下，煤炭企业的战略管理仍然存在大量没有解决的问题以及研究空间，导致煤炭企业的绿色低碳发展难以获得有效理论指导和支撑，应加大理论方面的研究和探索，尽快构建完善的理论体系以指导企业实践。

（2）煤炭企业绿色低碳发展战略选择准则不明确，战略选择缺乏科学依据。虽然学界对于煤炭企业绿色低碳发展战略选择问题进行了一定的研究，但是多数研究仅仅是基于对内外部环境的变化而提出了一些较为分散的战略，对于内外因素变化的认识较为浅显，缺少对于煤炭企业绿色低碳发展战略选择动因的理解，没有形成完善、成熟的战略选择准则及理论模型；对于战略类型和特征并未清晰地界定，没有明确战略选择的影响因素，不同类型的绿色低碳发展战略与企业绩效之间的关系仍有待挖掘。

　　本章从战略管理研究、绿色低碳发展研究以及煤炭企业绿色低碳发展战略研究 3 个方面梳理并分析了相关的文献，界定了绿色低碳发展、煤炭企业、煤炭企业绿色低碳发展战略等相关核心概念，分析了核心概念的特征；明确了如今的战略管理研究呈现出的多视角、多层次、跨领域、跨学科的趋势，国内外各个战略管理学派的学者先后对煤炭企业绿色低碳发展战略进行了研究，产生了一定的研究成果，但是对于部分关键的问题尚未形成共识；目前提出的绿色低碳发展的理论研究尚处于起步阶段，难以有效指导企业实践，以及煤炭企业绿色低碳发展战略选择准则不明确，战略选择缺乏科学依据。

第二章
煤炭企业绿色低碳发展战略选择
影响因素质性研究

　　绿色理念兴起于西方国家，绿色战略盛行于西方企业，并在西方企业管理实践中得到了广泛的应用和长足的发展。在中国资源型经济转型和绿色发展的背景下，大量研究关注煤炭企业的绿色低碳发展战略选择问题，然而多数研究所用的理论是基于西方国家的情境提出，并没有充分考虑中国管理情境中的要素，在此基础上进行理论研究或者实证研究都可能存在一个问题，就是对于中国管理情境下的适用性问题。

　　国内学者进行了大量对于西方战略管理理论的学习、分析、归纳、验证，而在国内企业战略管理实践中，对扎根于西方环境诞生的战略管理理论的应用效果不佳，出现理论与实践脱节的情况。中国煤炭企业具有其特殊的战略环境，西方理论在一定程度上无法正确、科学地指导中国煤炭企业的战略管理实践。西方经典战略管理理论认为，战略分析、战略选择、战略实施 3 个环节组成了较为完整的战略管理过程，但在中国企业战略管理实践中，战略管理的各个环节相互重叠，战略分析工作常常是在战略选择环节时，作为其重要组成部分运行；战略管理并非简单的三步走直线流程，战略绩效的评价与反馈对之后的战略选择起到重要的参考意义；在西方国家，市场竞争往往是战略选择的主要考虑因素，而对于中国的资源型企业，对政策因素的考量权重往往较大，特别是涉及煤炭、石油、保险等特殊产业。

徐全军和杨小科（2015）从 29 个 CSSCI 源目录管理类期刊筛选出的以企业战略管理为主题的论文进行研究分析后，提出中国国内的战略管理学者主要致力于对国外战略管理内容方面的研究，而忽视了对战略管理过程的研究，未来的研究应该要扎根国内情境，在吸纳西方的战略管理理论成果的基础上研究适用于本土的战略管理框架。

鉴于这样的情况，本章针对企业战略管理中的战略选择环节，扎根于中国管理情境下的煤炭企业战略管理实践，研究煤炭企业绿色低碳发展战略选择问题，深入煤炭企业中收集资料和信息，通过归纳、分析、演绎等方式，基于中国煤炭企业的管理实践探索煤炭企业绿色低碳发展战略选择影响因素，构建战略选择影响因素理论模型，自下而上完善战略管理理论，形成符合中国煤炭企业的本土化绿色低碳发展战略理论，以期提高企业战略管理理论对于中国本土煤炭企业战略管理实践的指导效果。

一、煤炭企业绿色低碳发展研究问题

（一）理论问题

近现代以来，诞生于中国国内的管理理论不多，大量的研究致力于利用国内的管理实践数据以验证国外的管理理论，而忽略了本地情境的特殊性和复杂性，缺少基于本地实际情况而创造出的理论（范培华等，2017）。由于很多从国外引入的管理理论在国内适用性不强，导致管理理论对管理实践的提升效果不佳，特别是在解决本地的管理实践问题上对于深层因果关系的剖析不足，没能建立起符合中国企业自身特征的管理理论，尤其是在战略管理领域，多为借鉴外国理论。

现有的基于国外战略管理理论延伸出的理论体系难以实现对于中国企业战略的高效管理，"水土不服"现象时有发生，应扎根于中国的战略管理实践和企业发展实际，构建新的理论模型（贾旭东和衡量，2016）。针对这一问题，摒弃对现有理论进行文献研究的模式，而直接深入田野收集现象的数据，基于对现象的深度挖掘和梳理，从现象中归纳出概念，将概念总结为基础理论，由基础理论组合为理论体系的扎根模式更加科学与合理，可构建适于中国本土企业的战略管理理论，实现从理论层面对于现象本质的描述，具有丰富的理论意义。

（二）实践问题

随着人类社会的发展，对资源型经济的绿色低碳转型要求不断提高，煤炭产业追求粗放式增长的发展模式已经难以满足人类对于现代能源产业的要求，在人类对于生态环境的重视程度不断提高的背景下，能够满足环保要求的高质量发展被人们所需要，是社会各界的诉求。而绿色低碳发展概念的提出为能源产业提供了新的战略方向和经济增长模式，更加关注经济、生态环境以及社会的协调发展。在企业战略管理实践领域，对绿色低碳发展战略管理理论有强烈的现实需求。

当前，学界对于企业战略管理的研究多集中在竞争战略、国际化战略、战略联盟等内容，而对于由经济发展和社会责任相结合形成的绿色低碳发展战略管理的研究较为稀少。传统的战略管理理论对于随社会发展催生的绿色低碳发展战略适用性不高，没有将绿色低碳理念和社会责任理念融入战略管理中，欠缺有关社会期望的考虑。

中国的煤炭产业具有其特殊的发展历程和产业特征，基于国外情境找到的影响因素往往并不完全适于中国煤炭产业，中国煤炭企业在进行绿色低碳发展战略选择时受到哪些因素的影响？这些因素具有什么特征？能够对煤炭企业绿色低碳发展战略选择造成怎样影响？这些问题是学界迫切需要研究和探索的问题，对企业战略管理领域有着重要的现实意义。

二、煤炭企业绿色低碳发展战略选择影响因素扎根理论研究设计

Glaser 和 Strauss（1967）在 *The Discovery of Grounded Theory* 中首次提出扎根理论，当大部分研究致力于如何获得准确的现实以及如何严格地检验理论时，他们发现理论应该从数据和资料中获取，基于数据和资料的理论不仅能够完美地适用于实证情况，而且在预测、解释、说明、应用等方面能够起到良好的效果。扎根理论中蕴含着丰富的西方哲学思想，起初主要用于社会学领域的现象问题研究及理论构建，而后其涉及领域被进一步拓展到医

学、教育学、经济学、管理学等不同学科领域，并形成了 3 个主流学派（刘涛，2017）。

经典扎根理论学派是扎根理论的创始学派，在理论源于数据这一基础前提下，主张要避免设置先入为主的假设而造成研究过程具有倾向性（Glaser 等，1967），被主观意识误导造成研究结果偏离客观数据，应通过对于原始现象、数据的分析以及不断对比而归纳产生理论，确保理论的客观性和对于现象的适用性，其理论构建过程包含开放性编码、选择性编码、理论性编码。程序化扎根理论学派极为重视数据，提倡寻找数据并从中发现规律，深入挖掘数据的因果关系，充分体现了解释主义的理念，其理论构建过程包含开放性编码、主轴编码、选择性编码。建构型扎根理论学派是在经典扎根理论和程序化扎根理论之后诞生的，构建型扎根理论结合了前两者的观点，提出对于客观存在的数据的分析，可基于人的主观认识，被人所建构，在保证不偏离客观现实的前提下，可发挥主观能动性，其理论构建过程包含初级译码、聚焦译码、轴心编码、理论编码。

扎根理论研究作为一种科学的定性研究，是一个动态的过程，通过调查，从资料中提炼能够代表现象的概念，并进一步发展为范畴，由范畴以及范畴之间的关系形成理论，研究环节包括资料收集、资料分析、理论构建等（Hall 等，2012；郝刚等，2018）。对于煤炭企业绿色低碳发展战略选择影响因素的质性研究，遵循扎根理论的基本研究逻辑，即"深入情境—提出问题—发现案例—收集数据—初构理论—完善理论"（贾旭东和衡量，2016）。扎根理论的研究逻辑在前文界定了现象，基于相关文献进行了探讨并提出了问题，随后的理论构建环节的流程包含资料收集、资料分析（开放性编码、主轴编码、选择性编码）、初步构建理论、理论饱和度检验。

（1）资料收集。根据前期的研究设计，收集相关的数据资料，数据收集方式由观察法、访谈法等多种方法组合而成。资料收集过程与资料分析过程并非相互独立，而是在资料的分析过程中根据研究的需要持续进行对于资料的收集工作，不断地充实资料，基于对资料动态收集和分析才能完成编码过程。

（2）开放性编码。将基础资料进行梳理、分解、比较、剖析、概念化和范畴化，通过开放性编码实现原始资料的逐级缩编。

（3）主轴编码。根据范畴内涵以及各个范畴之间的联系重新组合，形成主范畴，洞悉主范畴与次要范畴之间联系的本质，验证其关联性。

（4）选择性编码。构建范畴系统，从主范式中寻找能够统筹整个故事线的范畴，将其选为核心范畴，与其他范畴构建联系，并验证范畴之间的联系。叙述以核心范畴为中心的故事线，将对于故事的描述转化为分析式，基于分析式，概念性地表示整个故事。

（5）初步构建理论。根据编码结果进行理论的初步构建。理论的构建是一个复杂性的过程，它基于对一套完善的类属之间关系的探究，将其系统性地联系在一起，以构建能够说明现象的理论框架（科宾和施特劳斯，2015）。理论构建是扎根理论研究的关键性环节，根据已经形成的概念和范畴进行对比分析，探究各个概念和范畴之间的联系和相互作用机理，对概念以及概念之间的关系进行总结和归纳，以完成理论的构建。

（6）理论饱和度检验。在理论构建后需要进行理论饱和度检验，根据扎根理论的基本原则，只有当理论饱和度检验通过时，理论才能够成立。而在数据的反复对比和分析中，当不再出现新的概念和新的属性，且未出现新的关系时，认为理论饱和。

扎根理论的研究流程如图2-1所示。

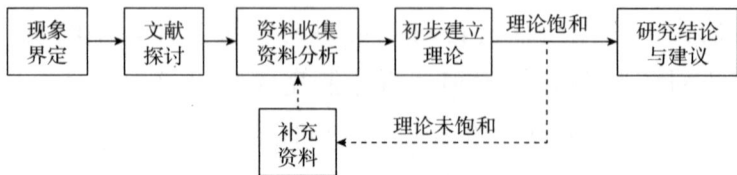

图2-1　扎根理论研究流程

三、煤炭企业绿色低碳发展战略选择影响因素资料收集

数据的充实度和可靠性是扎根理论研究的基础，只有当数据丰富且准确的情况下，扎根理论研究才能获得有效的研究成果（马续补等，2016）。规范的扎根理论研究应在广泛的领域收集资料，根据资料提出问题，围绕核心主题选择恰当的企业样本再收集数据。在研究进行过程中根据研究阶段和研究过程持续性地反复收集数据，后期资料的收集要参考前期资料的分析以及新出现的概念而定，因此，在研究开始前难以选择具体的样本或者目标企业，而要在第一次分析后视情况进行选择，随着线索不断进行资料收集直到类属饱和，抽样过程涉及几乎每一个研究阶段（科

宾和施特劳斯，2015）。

　　本书的数据收集方式主要是通过对企业的管理者进行深度访谈，直接收集一手数据。访谈对象主要是煤炭企业的高层管理者以及战略管理相关部门的中层管理者，所有受访者皆参与战略管理或者曾经从事相关工作，以确保数据收集的真实性和准确性。访谈采取录音和笔记两种方式进行，为确保受访者能够将实际情况无所顾虑地表达，我们承诺在记录访谈信息后删除录音，以免去受访者对于可能被识别的担忧，尽可能使受访者无所顾虑地把实际想法表述出来。即便如此，受访者仍然对部分问题保持较为敏感的态度，而在访谈结束后的聊天过程中反而表现得较为自然和开放，著名的质性研究专家科宾和施特劳斯（2015）也发现了这一现象。因此，在征得受访者同意的情况下，我们将部分访谈结束后的聊天内容作为重要信息记录。

　　为使受访者能够更加全面、真实地提供信息，我们于访谈前一周将本次访谈的主题告知受访者，使受访者进行一定的基础性准备。本书对向受访者提出的问题进行了提前梳理，设计的主要问题具有一定的开放性，给受访者充分的空间以表达内心真实的想法，在访谈进程中，根据受访者的反馈提出延伸性问题，通过追问将访谈问题进一步聚焦以获取有用的信息。

　　我们在全国范围内先后进行了 20 次访谈，收集了受访者关于对煤炭企业绿色低碳发展战略选择影响因素的认识、经验、态度、总结等信息，受访者几乎一致认可的是，虽然煤炭企业可能没有明确所采取的战略是绿色低碳发展战略，但是战略中存在绿色低碳战略的元素和特征。其中 17 份访谈资料用于编码，3 份访谈资料用于理论饱和度检验。

四、煤炭企业绿色低碳发展战略选择
影响因素资料分析

　　扎根理论的资料分析过程主要是对数据进行编码，包括开放性编码、主轴编码、选择性编码3部分。在完成了初步资料收集的基础上进行扎根理论研究的资料分析环节，将收集的资料分解为各个可处理的成分，探究各个成分的属性，并基于此对整体进行判断，将资料赋予意义。开放性编码阶段要求研究者对理论保持高度敏感，对原始资料进行分解和分类，形成可处理的片段等底层的基础数据，对其进行梳理，并从中提炼概念，将原始资料赋予概念化的标签，进行归纳、比较和整合。反复进行资料的归纳和整合流程，通过持续性的对比分析形成核心范畴，其过程犹如与资料"对话"。本书借助 Nvivo 11 软件进行编码，以找到煤炭企业绿色低碳发展战略选择影响因素。

（一）开放性编码

　　本书采取微分析类型的开放式编码，从极为具体的微观视角编码深入到材料中寻找概念，之后重点关注宏观的编码，再到着眼于本质的更加宏观视角的编码，逐层进行。通过对资料的初次梳理发现更多的问题，基于这些问题进行下一步的资料收集，如此反复进行资料的收集及分析工作，在此过程中，概念被不断地发现，最初的问题被反复延伸，范畴被逐步完善，直到资料足以全面说明所有范畴，达到概念饱和状态。

我们将原始资料划分为可操作的片段，并对原始资料赋予概念作为其标签，反复对原始材料进行分解和分析，将相似性的现象归入同一代码，对所得到的代码进行持续性的比较和整合。本章摘取了部分原始资料（表2-1、表2-2、表2-3、表2-4）作为初级代码梳理的示例，并将分析思路进行了一定的说明。

表2-1　部分访谈内容摘录1

部分原始资料	初级代码
晋能集团某公司副总张先生 　　我们对于战略的决策是非常慎重的，战略一旦有错，可能导致整个企业走错方向，战略选择的重要性也是显而易见的。我们的战略决策一定是建立在对于环境的充分了解和对于自身正确认识的基础上。具体来说，我们在进行绿色低碳发展战略选择时主要考虑以下几个方面：一是市场，虽然煤炭市场相对比较成熟，但是也存在一定的不确定性，要分析市场需求、市场竞争格局，看到不同客户群体的需要，看到市场机遇，看到竞争对手的发展，看到替代产品带来的威胁，要考虑绿色低碳行为是否会为我们带来市场，能否赋予产品绿色属性，使产品实现差异化，从而带来核心竞争力，获得市场认可。二是政策，紧跟政策的倡导方向往往是没错的。三是自身条件，要全面客观地认识自己的优势和劣势，特别是我们所拥有的优势资源和管理中的不足和问题，从而取长补短。每当有重大的战略决策问题，我们会召开战略研讨会，由公司班子成员、中层管理者和基层骨干代表共同研讨、征求意见，对拟实施的战略进行评估，形成一个相对民主的决定。但其实在本质上，对于战略选择的决策是由高层管理者的意识主导，选择结果往往符合高层管理者的理念。当然，所选择的战略要确保不会与我们的公司发展方向背道相驰这一前提，要符合公司定位	对于环境的充分了解 对于自身正确认识 分析市场需求 市场竞争格局 不同客户群体的需要 市场机遇 竞争对手的发展 替代产品带来的威胁 赋予产品绿色属性 实现产品差异化 带来核心竞争力 获得市场认可 政策的倡导方向 优势资源 管理中的不足 战略研讨会 战略进行评估 高层管理者意识主导 高层管理者理念 发展方向 公司定位

　　该访谈中，受访者张先生提供的有效信息较多，且具有代表性，从访谈数据来看，该企业的战略选择在很大程度上取决于对市场的分析以及内部高层管理者的倾向，强调了对于自身能力和资源正确认识的重要性，以及战略选择中的"取长补短"思路。同时，提到了其建立在战略评估基础上的、各级员工参与的战略选择形式，表述了公司发展方向对于战略选择决策的参考性作用，并强调了高层管理者意识在战略选择决策中的决定性作用。此部分战略管理实践经验涉及了大量战略选择的影响因素，且具有一定的概括性和总结性，在很大程度上描绘出了战略选择的部分理论框架。

表 2-2　部分访谈内容摘录 2

原始资料	初级代码
西山煤电集团某部门副部长李先生	产业政策
煤炭产业属于比较特殊的产业，产业政策对于煤炭产业的	吃透政策
影响相对于其他产业来说更大，回想一下，历史上国家每次对	发展方向
煤炭产业出台重要产业政策都会推动产业发生重大的变革，所	长期政策
以，各个层面的政策是我们在制定战略时要考虑的因素，要吃	短期政策
透政策才能正确地规划我们的发展方向，从国家政策到地方政	长期策略
策、从长期政策到短期政策我们都会高度关注，长期策略要根	短期策略
据长期政策来制定，短期策略要根据中短期的政策来制定。例	
如，国家层面实施供给侧结构性改革，那么我们就制定改善产	供给侧结构性改革
业结构的战略，在战略计划期内持续性地淘汰落后产能，优势	改善产业结构
产能占比不断提升，产能结构的改善以及优质产能的发挥不仅	淘汰落后产能
有助于满足制度层面的要求，在很大程度上推动了我们的绿色	发挥优质的产能
低碳发展，同时，还有机会享受政府对于企业低碳行为的鼓励、	制度层面的要求
优惠政策。那么就是说，政策是在变化的，而对于政策变化，	鼓励、优惠政策
我们也是持续性地随时进行政策了解，并作出相应的战略调整，	政策变化
对政策的变化保持高度的敏感，这样选出来的战略常常能取得	随时进行政策了解
良好的效果	相应的战略调整
	对政策变化保持高度的敏感

　　相较其他访谈，受访者李先生谈到的信息更加具体，他深入地介绍了政策方面因素对于战略选择的影响，我们从访谈中能够发现，在进行战略选择时会重点关注制度层面的压力，政策对于煤炭企业的战略起到非常重要的影响，往往重要政策的提出会在一定程度上推动煤炭产业的改革，对于政策的认识和解读是煤炭企业在外部环境分析中的关键性环节。该受访者提出了对于产业政策、市场政策等方面的考量，并特别强调了战略选择的时效性，他指出政策并非一成不变，要保持对政策的高度敏感性，时刻掌握最新动态，根据政策的变化及时制定和调整相应的战略。对于政策环境的分析不应仅停留在静态分析，而要通过赋予其动态性以打破静态局限性。

表 2 - 3　部分访谈内容摘录 3

原始资料	初级代码
山西焦煤集团某公司副总程先生	高层管理人员态度
我们在进行战略选择决策时，从前实施过的类似战略的效果也会产生非常大的影响，战略效果在很大程度上会影响高层管理人员的态度，对于效果好的战略可能还会继续选择它。虽然战略的评价和战略的选择是相对独立的两个过程，但是评价的结果是要被纳入战略选择的考量因素。如果去年刚刚实施的某项战略效果不好或者没有带来利益，那现在为什么还要再实施类似战略呢？所以说，老战略评价和新战略选择虽然是不同的环节，但还是应该要考虑到，我们要明白这一类的战略在哪些方面带来利益、哪些方面带来损失，明确战略的投入和产出。例如，一项绿色产品战略增加了产品生产成本，可能没有带来短期内的直接经济利益，但是为我们带来了更多的客户，通过提升产品竞争优势，增加客户数量，提升市场占有率，更多人认可企业和产品，客户满意度提高了，客户忠诚度自然就会提高，它赋予了我们的煤炭产品更多的绿色属性，提升了我们产品与市场上其他产品的差异化程度，从表面看可能不赚钱，但从长远看我们获益了，也就是说	战略效果 战略评价 战略的投入和产出 增加了产品生产成本 短期内的直接经济利益 更多的客户 产品竞争优势 增加客户数量 市场占有率 客户忠诚度 认可企业和产品 长期经济利益 类似战略的评价 在什么条件下实施战略

原始资料	初级代码
获得了长期经济利益。另外，对于类似战略的评价能够让我们明白哪里做得对，哪里不对，怎么去改进，我们将来是不是还要再实施类似的战略，在什么条件下实施战略，帮助我们改进战略。当然，如果我们提出的是一个全新的战略，从前从未有过类似的战略，那么自然就不用考虑以前的战略效果怎样了	改进战略

受访者程先生提到了战略选择以外的环节——战略绩效评价，以往实施的类似战略的效果会直接影响高层管理人员对绿色低碳发展战略的态度。对于战略绩效的评价是在战略实施后进行，且独立于战略选择环节，但是其结果被纳入战略分析中，通过作用于高层管理者的态度，对后期的战略选择有着不容忽视的影响，很可能如受访者所提到的，是在战略决策时的重要考量因素。

表 2-4　部分访谈内容摘录 4

原始资料	初级代码
西山煤电集团某公司副总刘先生	想做什么
在选择战略前，我会回答三个问题，一是我们想做什么，	应该做什么
二是我们应该做什么，三是我们能做什么，在找到这三个问题	能做什么
的答案后，才能够知道哪个战略适合我们。"我们想做什么"	企业愿景
就是说企业愿景、企业目标，企业愿景是站在长远视角，我们	企业目标
要发展成为怎样的一家企业，是企业传承，是战略选择必须要	企业传承
考虑的因素，同时，也要结合企业的中期目标和短期目标。"我	中期目标
们应该做什么"是指我们所承担的企业社会责任，社会需要我	短期目标
们做什么，我们应该为社会做出哪些贡献，如在如今环境问题	企业社会责任
日益严重，资源枯竭的情况下，我们会更多地考虑如何实现节	环境问题
能减排，这是我们作为国有企业更应该要去做的事情。"我们能	资源枯竭
做什么"涉及我们企业拥有什么样的资源，如我们有多少煤矿，	节能减排

续表

原始资料	初级代码
哪些煤矿拥有优质储煤，以我们的能力如何去利用这些资源，要知道对于优质资源的高效利用往往是形成核心竞争力、获得竞争优势的关键。谈到竞争优势的话，另外就是我们对于资源的积累以及我们的管理能力可以匹配什么程度的战略	煤矿 优质储煤 资源的高效利用 核心竞争力 竞争优势 资源积累 管理能力

受访者刘先生从"想做什么"、"应该做什么"、"能做什么"3个方面解释了煤炭企业在绿色低碳发展战略选择时要考虑的因素。"想做什么"涉及企业的意愿，"应该做什么"涉及企业社会责任，"能做什么"涉及企业的资源积累和能力，这3方面的因素分别代表3个能够对煤炭企业绿色低碳发展战略选择造成影响的重要范畴，当3方面的因素都纳入考虑后，做出的战略选择将更加科学合理，具有一定的保障，同时能够符合企业的发展方向。

通过以上示例不难发现，初级代码较为凌乱，相互重复、相互交织，因此对此部分底层的原始数据进行精练和归纳，以形成更具代表性的概念，在此过程中，将下属初级代码少于3个的概念剔除，以确保概念的代表性和丰富程度。最初找到的一些概念在对于资料的分析过程中不断出现，有些甚至贯穿整个资料，并且能够将一些零散的概念归纳在其中，本书将这些概念上升为范畴，列入更高一层的地位。通过原始资料编码后得到的概念及范畴如表2-5所示。

表 2-5　开放性编码示例（部分）

编号	范畴	概念
1	高层管理者意愿	社会责任感 绿色理念 价值观 绿色态度 企业愿景 企业目标 管理者信仰
2	竞争优势预期	低成本竞争优势 产品差异化竞争优势 管理优势 经济效益预期 环境效益预期 社会效益预期
3	企业文化	低碳导向 文化传承 企业经营理念 企业精神 企业使命 企业历史
4	绿色资源	矿产资源 资源高效利用 冗余资源 资金 人力资源 信息资源 行政资源 资源异质性
5	绿色能力	战略实施的基础和保障 量力而行 技术能力 功能性能力 管理能力
6	制度压力	约束制度 激励制度 合法性 规制体系完善
7	社会绿色观念	绿色观念普及 环保意识增强 绿色低碳行为倾向 价值需要 社会风气 社会文化 企业社会责任 社会期望
8	产业压力	产业绿色低碳水平 产业绿色低碳风气 上游供应商 下游分销商 绿色低碳要求
9	其他利益相关者压力	股东绿色低碳诉求 合作机构绿色低碳诉求 员工绿色低碳诉求 媒体绿色低碳诉求 社区绿色低碳诉求 外部经济刺激 经济发展规律
10	市场绿色需求	绿色消费意识 产品绿色属性需求 绿色消费观念 绿色价值 生活质量标准提高 市场发展水平
11	企业绿色竞争	企业声誉 市场认可度 绿色物流竞争 绿色营销竞争 绿色生产竞争 市场竞争格局 绿色发展机遇 市场资源可获取性
12	战略分析	了解外部环境 认识自身条件 战略评价 战略背景 分析备选战略
13	战略选择决策	战略研讨会 综合选择 相应的战略调整 高层管理者意识主导 采取被动型策略 采取主动型策略

（二）主轴编码

通过开放性编码获取了概念和范畴，但各个范畴之间关系尚未被明确，且存在多个范畴指向同一范畴的情况，范畴仍然比较杂乱。将各个范畴的维度和属性进行分析，并对范畴的内涵予以解释，在此基础上将其进一步归纳和聚类，基于各个范畴之间的逻辑关系，将紧密联系的范畴归为同一主范畴下，进一步提升主范畴的概括性和代表性。在主轴编码过程中，通过对范畴的提炼，最终形成绿色低碳取向、企业资源与能力、利益相关者压力、市场绿色竞争、绿色低碳发展战略选择 5 个主范畴。其对应的范畴以及范畴内涵如表 2-6 所示。

表 2-6　主轴编码

主范畴	对应范畴	范畴内涵
绿色低碳取向	高层管理者意愿	高层管理者是企业战略决策的制定者，其价值观和社会责任感共同作用形成高层管理者的绿色理念以及对于环境友好行为的认识，结合企业发展的愿景和目标，产生高层管理者意愿
	竞争优势预期	高层管理者对于实施绿色低碳发展战略所能够形成竞争优势的预期是非常重要的考虑因素，煤炭企业作为经济组织，目标是获取经济利益，而竞争优势的形成能够为企业降低成本、提高产品差异化程度、提升管理水平等，进而增加企业的经济效益、环境效益和社会效益
	企业文化	对于绿色低碳发展战略的选择在很大程度上受到企业绿色文化的影响，企业文化决定了企业对环境问题的态度。当企业将环境问题视为机遇时，会更加积极主动。企业绿色低碳文化的传承、企业经营理念、企业精神也会对选择产生影响
企业资源与能力	绿色资源	绿色低碳发展战略的实现是通过基于企业能力对于资源的高效、合理利用，只有当企业拥有足够的资源，企业能力才能发挥作用，而对于战略风险问题，要有足够的冗余资源。矿产资源、资金、人力资源、信息资源、行政资源等一系列资源是制定战略的重要依据
	绿色能力	企业绿色能力是绿色低碳发展战略实施的基础和保障，对于绿色低碳发展战略的选择，企业会量力而行，考虑能力水平与战略的匹配程度，涉及技术能力、生产能力、营销能力、创新能力、管理能力等

续表

主范畴	对应范畴	范畴内涵
利益相关者压力	制度压力	早期的企业绿色低碳行为多是在约束制度下的被动行为，企业必须要获得合法性才能够保障生存和发展，而随着规制体系的不断完善，激励制度促进了企业对于绿色低碳行为的积极性和主动性
	社会绿色观念	煤炭企业的管理者和员工都是社会中的成员，绿色观念在社会的普及在很大程度上引起煤炭企业管理者和员工环保意识的增强和对于绿色低碳行为的倾向，从而改变煤炭企业对绿色低碳发展战略的价值需要
	产业压力	随着能源产业的发展，整体绿色低碳水平不断提升。产业绿色低碳发展的风气和氛围对于煤炭企业产生了一定的影响，特别是产业上游供应商以及下游分销商的绿色低碳要求对煤炭企业的战略选择具有较强的影响作用
	其他利益相关者压力	股东、合作机构、员工等利益相关者的诉求同样是利益相关者压力的组成部分
市场绿色竞争	市场绿色需求	煤炭市场的消费者多为企业，随着消费者的绿色消费意识不断增强，对于煤炭产品的绿色属性需求越来越强烈，市场需求向绿色低碳方向发展
	企业绿色竞争	随市场成熟度的提高，传统消费观念正在发生着转变，消费者对于缺乏环保意识、大量排污的煤炭企业产生较为强烈的排斥感，这类煤炭企业难以获得较好的企业声誉和市场认可度。煤炭市场中的企业的绿色低碳发展战略选择可能会获取新的市场竞争优势，改变市场竞争格局
绿色低碳发展战略选择	战略分析	通过对外部环境和内部条件的分析找到企业的外部机会和威胁，明确自身的优势和劣势，找到能够发挥自身优势、抓住市场机遇、规避自身劣势和威胁的战略。通过对备选战略的评估以及类似战略的反馈进一步深入分析战略
	战略选择决策	明确战略选择方向、战略类型和战略强度等，进行综合选择，并进行相应的战略调整

（三）选择性编码

在主范畴得以涌现的情况下进行选择性编码，独立的 5 个主范畴无法解释整个事件，需要进一步挖掘主范畴之间的联系，将主范畴有机连接，归纳在一个理论框架内，以明确核心范畴与其他范畴之间的关系，构建整体的解释框架。主范畴关系结构内涵如表2-7所示。

表2-7 选择性编码

主范畴	关系结构内涵
绿色低碳取向	煤炭企业的绿色低碳取向直接关系对于绿色低碳战略的态度，煤炭企业的绿色文化传承和社会责任感往往会使企业产生绿色低碳行为的倾向，与高层管理者的理念结合形成企业绿色低碳取向，并从内部影响绿色低碳发展战略选择
企业资源与能力	煤炭企业的绿色低碳发展战略需要有足够的资源和能力支撑才能够实现良好的效果，特别是对于存在一定风险的绿色低碳发展战略，企业需要有足够的决策性冗余资源以应对可能的损失。资源与能力的异质性可能导致企业适合不同的绿色低碳发展战略，战略的选择在很大程度上是为了打造竞争优势，而竞争优势的形成要以企业的能力为基础
利益相关者压力	煤炭企业的绿色低碳发展战略选择要考虑利益相关者压力，利益相关者提出的诉求既有企业的发展机遇，也有企业面对的威胁，满足了利益相关者的诉求在很大程度上可以获取利益相关者的支持和资源，而如果没有将利益相关者的诉求考虑在其中，有可能遭到利益相关者的抵制和不认可
市场绿色竞争	企业的战略选择无法离开对于市场的考虑，市场从外部作用于煤炭企业绿色低碳发展战略选择，煤炭企业通过市场调研了解市场需求和变化趋势，结合竞争者所采取的绿色竞争策略，决定该采取什么战略，而面对市场的绿色竞争，煤炭企业为维持竞争优势也会选择相应的战略
绿色低碳发展战略选择	绿色低碳发展战略选择受到绿色低碳取向、公司资源与能力、利益相关者压力、市场绿色竞争等因素的综合影响

在选择性编码的过程中，我们发现"煤炭企业绿色低碳发展战略选择影响因素"能够作为核心范畴，且在原始资料中反复出现，可以解释整个现象，与各个其他范畴有紧密的关联。位于中

心位置并统筹其他范畴，进而发展为由绿色低碳取向、企业资源与能力、利益相关者压力、市场绿色竞争、绿色低碳发展战略选择5个主范畴构成的煤炭企业绿色低碳发展战略选择影响因素理论模型（见图2－2）。以"煤炭企业绿色低碳发展战略选择影响因素"为核心的故事线是，在如今地球环境日益恶化、环保要求不断提高的背景下，煤炭企业的传统发展战略以及战略决策模式难以适应新的环境，面临着巨大的战略转型压力，而利益相关者压力和市场绿色竞争等重要的外部环境，以及煤炭企业的绿色低碳取向和自身的资源与能力等内部条件决定了煤炭企业绿色低碳发展战略选择，在综合考虑煤炭企业绿色低碳发展战略选择影响因素的情况下可做出战略选择，以实现煤炭企业的绿色低碳发展。

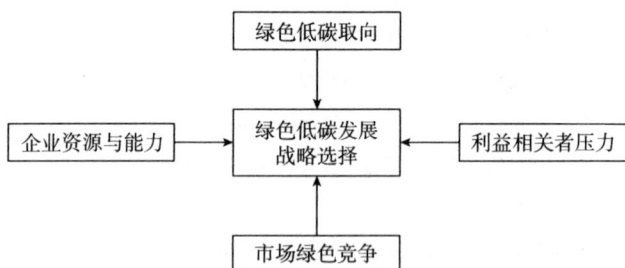

图2－2　煤炭企业绿色低碳发展战略选择影响因素理论模型

五、煤炭企业绿色低碳发展战略选择影响因素扎根理论研究结果讨论

基于扎根理论研究得到的核心范畴以及5个主范畴可以发

现，煤炭企业绿色低碳发展战略选择主要受到 4 个方面因素的影响，分别是绿色低碳取向、企业资源与能力、利益相关者压力、市场绿色竞争，其下属包含了多个子范畴，子范畴涉及的因素有些与西方学者在绿色战略管理研究中提出的影响因素相似，也有一些是在中国特定的情境下所产生的影响因素，它能够很好地解释中国煤炭企业绿色低碳发展战略的选择问题。

绿色低碳取向是煤炭企业对于绿色低碳理念的认可程度和对于绿色低碳行为所持的基本价值立场。高层管理者作为企业战略的决策集团，其意愿和态度在很大程度上决定了企业的绿色低碳取向，当企业高层管理者的价值观与企业的绿色低碳行为相符时，能够产生共同愿景，高层管理者对于企业绿色低碳战略的选择意愿不仅受到其绿色理念的影响，同时在很大程度上要考虑绿色低碳战略所能够带来的竞争优势预期，竞争优势的形成往往能够为企业提升效益，而效益的提升往往使环境问题被企业视为机遇，而非威胁，能够影响企业对于绿色低碳行为的主动性。另外，企业绿色文化的传承和社会责任感同样是绿色低碳取向的重要组成要素，对绿色低碳行为倾向造成影响。

绿色低碳发展战略的实施需要使用一定的绿色资源，对资源的利用水平则取决于企业的绿色能力。对于煤炭企业而言，其矿产资源、技术能力尤为重要，绿色低碳发展战略的实现在一定程度上要求企业具有优质的矿产资源，以及先进的开发、利用、回收技术。对于存在一定风险的绿色低碳发展战略，还要求企业具有足够的冗余资源以应对可能造成的损失，企业的绿色低碳发展战略选择会考虑企业所拥有的资源和能力是否足以支撑其战略的高效实施以达到预期的效果。资源与能力的异质性可能导致企业适合不同的绿色低碳发展战略，所以企业应根据自己的能力选择适合的战略，战略的选择在很大程度上是为了打造竞争优势，而竞争优势的形成要以企业的资源为基础，不同的绿色低碳发展战略需要有不同的资源支撑，特别是对于煤炭企业而言，其生存和发展都是以矿产资源作为依托，对于煤炭资源储量大、质量高的煤炭企业，在选择绿色低碳发展战略时具有更强的主动性和更大的发挥空间，其中可能涉及矿产、资金、人力资源、信息资源、行政资源等一系列资源。对于煤炭资源的低碳利用，企业的技术能力和创新能力尤为重要，在技术上有足够的积累是实现绿色低碳发展战略的重要条件之一，结合绿色营销能力、绿色管理能力、利益相关者管理能力等企业重要能力，可共同对绿色低碳发展战略的选择造成影响。

利益相关者压力是对企业的生产、经营活动能够造成直接或者间接影响的压力集团的要求。利益相关者包括政府、社会、员工、股东、行业协会、产业上下游合作方等，其中有些对企业进行了投资，有些对企业产生约束，有些与企业一同承担风险，这些利益相关者对于企业的要求产生了利益相关者压力。对于煤炭企业绿色低碳发展战略的选择问题，在很大程度上受到利益相关者压力的影响。利益相关者提出的诉求既有企业的发展机遇也有企业面对的威胁，早期的企业绿色低碳行为是在约束制度下的被动行为，企业必须要获取合法性才能够保障生存和发展，制度压力主要表现为威胁，而随着规制体系的不断完善，激励制度促进了企业对于绿色低碳行为的积极性，在政策红利下制度压力可能成为企业的战略机会。煤炭企业的管理者和员工都是社会中的成员，绿色观念的社会普及在很大程度上引起煤炭企业管理者和员工环保意识的增强和对于绿色低碳行为的倾向，从而改变煤炭企业对绿色低碳战略的价值需要。另外，还有产业压力以及其他利益相关者压力对煤炭企业的绿色低碳发展战略选择造成影响。

　　煤炭市场的绿色需求和企业绿色竞争是煤炭企业在进行绿色低碳战略选择时无法忽视的重要市场绿色竞争因素，随着社会的发展，煤炭市场的成熟度不断提高，随之而来的是市场绿色需求的提高。部分消费者对于煤炭产品绿色属性的重视程度增加，愿意为其支付的溢价不断提高，在绿色消费意识逐步代替传统消费意识的市场环境下，煤炭企业之间的绿色竞争越发激烈，煤炭企业在进行战略选择时，会重点考虑能否维持其竞争优势或者获取新的竞争优势，以得到市场认可和市场份额。煤炭企业通过市场调研，了解不断变化的市场绿色需求和绿色竞争，才能够正确选择其绿色低碳发展战略。

六、煤炭企业绿色低碳发展战略选择影响因素扎根理论研究检验

（一）理论饱和度检验

　　理论饱和是扎根理论研究正确进行的基础保障，至关重要，一切理论的构建都应该是在理论饱和的前提下，未达到理论饱和，则应该从资料收集环节再次进行后续的研究流程，如此反复进行直至饱和。为了确保研究的信度和效度，本书使用预留的原始资料和数据进行理论饱和度检验，检验中未曾涌现出新的概念

或逻辑关系，现有范畴的特征无法被进一步发展，故认为本书中的各个概念和范畴已经得到了较为充分的发展，理论饱和度检验通过。

（二）信度检验

编码信度可以通过计算编码人员的编码一致性程度来反映。本书邀请了包括笔者在内的 3 名编码人员，分别使用 V1、V2、V3 代表各个范畴中的编码概念，其交集为一致编码的数目，用 $V1 \cap V2 \cap V3$ 表示，其并集为所有编码数目，用 $V1 \cup V2 \cup V3$ 表示，交集除以并集得到一致性系数。当一致性系数大于 0.8 时，则认为信度可接受。

绿色低碳取向、企业资源与能力、利益相关者压力、市场绿色竞争、绿色低碳发展战略选择 5 个主范畴的一致性系数分别为 0.81、0.81、0.85、0.83、0.81，编码结果通过信度检验。

（三）效度检验

本书采取参与者检验法进行效度检验，在访谈后，将过程中记录的原始资源转录成文字，将文字资料以及相关研究结论一并发给研究参与者，请研究参与者对研究结论与实际情况的符合程度进行评判，以得到研究参与者的反馈和认同。研究参与者对于符合程度的评判结果均在 95% 以上，故认为具有良好的效度。

扎根理论源于社会学领域，根据从实际情境中获得的资料和数据，进行分析、归纳以得出能够解释现象的社会学理论，产生于实践问题的理论对实践问题的解释力更强，且更易于指导实践。本书将扎根理论应用在管理学领域，针对煤炭企业绿色低碳发展战略选择问题，扎根于中国煤炭企业的战略管理实践，基于管理者的管理经验和想法进行研究，提炼绿色低碳发展战略选择的影响因素，探索绿色低碳发展战略的管理过程，构建基于中国本土管理实践的煤炭企业绿色低碳发展战略选择影响因素理论模型。主要由绿色低碳取向、企业资源与能力、利益相关者压力、市场绿色竞争4个方面共同作用于煤炭企业绿色低碳发展战略选择，并通过对研究结果的讨论梳理了各个范畴的内涵以及与主范畴之间的关系，为煤炭企业绿色低碳发展战略选择的理论模型提出奠定了良好的基础。

第三章
煤炭企业绿色低碳发展战略选择
理论假设与模型构建

本章基于制度理论和核心竞争力理论进行煤炭企业绿色低碳发展战略选择驱动力分析，沿着驱动力分析的脉络明晰企业的战略反应，根据不同的战略反应提出多种可供选择的煤炭企业绿色低碳发展战略类型。在煤炭企业绿色低碳发展战略类型得以明确的基础上，通过理论推导和文献研究剖析各个因素对煤炭企业绿色低碳发展战略选择的影响关系，以及煤炭企业绿色低碳发展战略选择对企业绩效的影响关系，进而提出相应的假设，构建煤炭企业绿色低碳发展战略选择的理论模型和实证模型。

一、煤炭企业绿色低碳发展战略选择驱动力分析

绿色低碳发展原先只是作为煤炭企业的一种发展路径或者发展理念，随着绿色低碳理念的逐步延伸，绿色低碳理念开始与战

略管理领域相融合，绿色低碳发展上升为战略高度，成为企业战略管理中的一项战略要素，从而形成了绿色低碳发展战略，是企业新的战略选择。随着企业战略环境的改变，越来越多的企业选择绿色低碳发展战略，然而洞悉企业到底为什么选择绿色低碳发展战略，期望通过绿色低碳发展战略带来怎样的效果，是正确理解和选择绿色低碳发展战略的前提条件。因此，需要先剖析煤炭企业绿色低碳发展战略选择驱动力，为煤炭企业绿色低碳发展战略选择研究奠定理论基础。另外，以煤炭企业绿色低碳发展战略选择驱动力为脉络可以找到绿色低碳发展战略的类型，进一步明确绿色低碳发展战略的特征。

（一）基于制度理论的煤炭企业绿色低碳发展战略选择驱动力分析

在人们的刻板印象中，绿色低碳行为常被认为是政府行为，对于企业而言往往难以产生经济效益，并且会投入大量的资源，产生额外的生产、运营成本。按照经济人假定，企业作为经济主体，追求的是经济利益的最大化，无论面对何种驱动力，企业都会依据收入和成本的权衡而确定其战略，对经济目标造成负面影响的行为可能被放弃（李永波，2012）。早期的企业绿色低碳行为主要是为了符合法律规制和政府监管，随着环境问题给企业带来的危害日益凸显，企业受到的环境压力不断增大，企业需要采取绿色低碳发展战略以应对环境问题给企业发展带来的负面影响，制度理论能够较为合理地解释早期的绿色低碳行为。

基于制度基础的战略选择理论认为，企业战略选择是企业所面对的制度框架中的正式和非正式约束的驱动结果（Peng，2003；李冬伟和俞钰凡，2015）。合法性是制度框架中的正式约束，也是制度理论的核心概念之一，制度理论强调，合法性和利益相关者压力是企业绿色行为的重要驱动力，会对企业的绿色行为选择造成影响（Jennings 和 Zandbergen，1995；Delmas 和 Toffel，2004；胡美琴和骆守俭，2008）。合法性是企业生存和发展的基础，企业对于环境法规的服从具有强制性，如果缺乏合法性会造成企业灭亡，因此组织要努力获取合法性，采取绿色低碳行为对制度压力做出响应（涂智萍和宋铁波，2016）。

在环境法规诞生的初期，大量企业对其采取抵制或逃避监管的态度，直到 20 世纪 80 年代，由于政府对环境问题的重视程度进一步增加，进行了严格的环境管制，企业开始采取反应型的措施（胡美琴和李元旭，2007）。制度压力较大往往会促使企业选择服从型战略，以追求更高的合法性（胡美琴等，2016），而对于合法性的获取，首要考虑的是如何能够获得不同制度压力源的认可，即便为追求合法性所采取的做法会对运营效率造成负面影响，也要保证合法性的获取（涂智萍和宋铁波，2016）。由于企业与其外部制度环境存在相互渗透的关系，企业面对规制合法性对低碳标准的强制要求需要至少做到权宜性的应对，面对规范合法性的道德层面要求，需要承担起社会责任，面对认知合法性以及制度环境对低碳行为需求，需要在共同理解的基础上，通过对于低碳行为的选择以获取更多的资源，增加企业能力（王丹丹，2013）。可见，合法性对于企业绿色低碳战略选择具有较强的推动作用。例如，企业具备合法性也能够在一定程度上提高企业的管理和运营效率，为企业带来更多资源，增强企业的可持续竞争优势（涂智萍等，2016）。

利益相关者压力，作为制度理论提到的第二个绿色低碳行为的主要驱动力，也对企业的绿色低碳战略选择起到重要的驱动作用。企业在通过实施绿色低碳战略追求合法性的过程中，应该首要考虑的因素是绿色低碳发展战略的市场适应性，也就是能否符合利益相关者的要求，企业与利益相关者往往存在相互作用、相互影响的紧密关系，对于利益相关者压力的满足程度可能会影响企业的效益，从而引起战略演变。随着企业战略环境的变化，企业绿色低碳发展战略选择的驱动力呈现多样性和复杂性，制度理论难以全面解释企业绿色低碳行为，更多的研究将制度理论与其他理论相结合，以更全面、准确地解释企业绿色低碳行为，形成更加完善的绿色低碳发展理论体系（胡美琴和骆守俭，2008）。

（二）基于核心竞争力理论的煤炭企业绿色低碳发展战略选择驱动力分析

随着人类文明的进步、社会的发展以及绿色理念的蔓延，企业对于绿色低碳发展的认识开始加深，逐渐认识到了绿色低碳发展的重要性，从而转变态度，已不仅仅停留在如何避免环境问题对企业发展带来负面影响。根据制度和政策改变相应采取的应对措施过于被动，难以产生良好的效果，更多企业开始主动寻找绿色低碳发展的战略机会。

根据波特的核心竞争力理论，企业发展的基础是塑造和培育核心竞争力，构建竞争优势。煤炭企业只有从根本上认识绿色低碳发展战略能够带来的竞争优势，才能够正确选择绿色低碳发展战略。因此，基于构建竞争优势的战略目标，能够发现煤炭企业绿色低碳发展战略的驱动力来源。

大量研究认为，战略选择在很大程度上要考虑所能够获取的竞争优势的预期，打造竞争优势也是煤炭企业采取绿色低碳行为的主要原因。重要的内外部关系是企业竞争优势的关键因素，当企业战略符合利益相关者导向和期望时，往往能够获取更稳固的利益相关者关系，并形成基于内外部关系的竞争优势（王秀丽，2015）。煤炭企业的绿色低碳发展方向符合政府的倡导、金融机构的投资偏好、产业上下游的需求以及其他利益相关者所提倡的导向。

在如今社会理念日益绿色化的背景下，企业在社会中的形象更加需要绿色元素的融入，企业的绿色低碳行为有助于企业塑造与绿色社会理念相符合的企业形象，更大程度上获得社会的认可，形成品牌竞争优势。

随着国家法规政策从单纯对污染、高碳行为进行约束和限制，逐步转向由约束与对绿色低碳行为的奖励相结合的奖惩并重管理机制，煤炭企业的绿色低碳行为能够获得更多的政策支持和经济性奖励，从而降低企业运行成本，借助绿色政策红利塑造政策优势和成本优势。

煤炭市场对于煤炭产品的绿色需求不断提高，煤炭企业的绿色低碳行为往往能够增加煤炭产品的绿色属性，减少产品的传统属性占比，富有绿色属性的煤炭产品具有低碳、环保的特征，与传统煤炭产品在产品特征上实现差异化，这样创新型的煤炭产品更加符合市场的绿色需求，从而提升产品竞争力，获取竞争优势。

虽然企业的绿色低碳发展战略可能为企业带来竞争优势，但是只有当企业拥有的资源和能力足以支撑其绿色低碳行为时，其相应的战略才能够产生良好的效果（Sharma，2000），考虑到这一层面的因素，企业对绿色低碳发展战略的选择在很大程度上受到企业资源和能力的驱动作用。

企业绿色低碳发展战略的选择是各种驱动力综合作用的结

果，根据煤炭企业历史发展轨迹可以发现，煤炭企业的绿色低碳行为由起初的对抗态度，到服从外部压力，到积极做出反应，甚至超越外部规制的发展路径，而对于企业的不同反应，主要是由于在不同的内外部条件下，企业绿色低碳发展战略是由不同的主导力驱动。

二、煤炭企业绿色低碳发展战略选择 驱动力作用下的战略反应

战略反应是企业响应外部压力而采取的一系列行为（涂智苹和宋铁波，2016），基于对煤炭企业绿色低碳发展战略选择驱动力的分析可以发现，制度压力作为主要煤炭企业绿色低碳发展战略选择的驱动力之一，对煤炭企业的战略反应行为造成重要影响。组织的行为不是简单的对于压力的响应，更不能脱离外部因素而自然生成（Hoffman，2001），新制度学派高度关注关于制度压力与企业战略行为之间关系的研究（涂智苹和宋铁波，2016），初期的研究集中在制度压力带来的影响，随着研究的深入，越来越多的研究者将研究重点放在一个问题上，即面对制度压力等驱动因素，如何导致企业采取"异质"或"同质"的战略反应行为？

根据制度学派的观点，制度压力被认为是企业选择不同行为的跳板（Heugens 和 Lander，2009），同样的外部环境对企业造成不同的作用，企业根据自己受到的影响以及自身的定位选择响应

战略，导致不同企业采取不同的行为模式（胡美琴等，2008）。
Oliver（1991）正是根据对于制度压力与企业战略反应之间的关系，提出了对于战略反应的分类，基于企业对制度压力的态度，他将战略反应分为默认行为、妥协行为、回避行为、挑战行为和操纵行为，并将不同类型战略反应行为对应的具体战术进行了梳理和说明，依据抵抗程度不同将较为被动的战略反应划分为默认行为、妥协行为、回避行为、挑战行为，操纵行为则是积极、主动的战略反应。战略反应类型、对应的战略及其说明如表3-1所示。

表3-1　战略反应类型

战略反应	对应战术	说明
默许	习惯	盲目地坚持既定的规则或是价值观
	模仿	有意识或无意识地模仿其他组织的行为模式
	遵守	有意识地服从或融入价值观、规范或制度要求
妥协	平衡	协调利益相关各方需求，以响应利益相关各方的期望
	安慰	就期望未达成一致的情况，安抚利益相关方
	商榷	通过协商使利益相关方对其提出的要求或期望做出一些让步，是妥协行为中相对主动性较强的行为模式
回避	隐藏	表面上默许实则将不一致进行了隐瞒和伪装
	缓冲	通过将其活动与外部环境在一定程度上的分离，降低受到外部环境的影响程度
	逃离	改变自身的目标、活动或者是业务范围以与外部压力达成一致的必要性，是一种较为戏剧化的回避反应行为
抗拒	忽略	忽视是一种战略选择，当执行外部规制的潜在可能性被认为非常低的时候，或者内部目标与外部要求存在明显的冲突的时候，组织就有可能采取这种战略选择
	挑战	相较忽略，挑战是更为主动地背离规则、规范或期望的一种战略反应，质疑现有的规则、规范或期望
	进攻	向压力的来源发起进行，具有强度和侵略性的战略反应

续表

战略反应	对应战术	说明
操纵	笼络	通过引入具有影响力的合作者获取支持，增加合法性并消除制度上的对立
	影响	通过其影响力，游说政府监管机构或行业协会重塑标准或者信仰体系
	控制	建立权利和支配地位以控制制度

资料来源：Oliver（1991）。

Oliver 对于战略反应类型的划分为战略类型的划分奠定了良好的基础，并在大量后期研究中被研究者广泛引用。邓新明和田志龙（2009）在对中国情境下的企业制度反应策略模式进行实证研究时，基于 Oliver 提出的战略反应类型，将反应策略分为合作策略和对抗策略两大类，并结合合作动机和对抗动机，进一步划分出遵守行为、参与行为、关联行为、游说行为、代言行为、挑战行为、质疑行为、影响行为，之后，他还验证了各反应行为与企业绩效有显著相关性。

涂智萍和宋铁波（2016）在对企业战略反应进行研究时，同样引用了 Oliver 提出的战略反应类型。他们在对 Web of Science 数据库中与战略反应相关的文献进行计量分析的基础上，提出制度压力的压力源主要由政府政策、组织惯例、企业文化、企业社会责任等构成，并根据不同的压力源进行了战略反应分析，将战略反应进一步提炼为主动型战略反应和被动型战略反应两类，发现多数企业采取被动型战略反应，极少数企业采取主动型战略反应。

李永波（2012）认为，制度压力和利益相关者压力组成企业环境行为的驱动力，企业在驱动力下做出的战略反应分为较为主动的外向应变模式和较为被动的内向应变模式，两种模式既是应对环境压力变化的反馈作用路径，也构成了企业环境战略的主体内容。

严良等（2014）认为，资源型企业的绿色行为产生于对由内、外部压力所组成的驱动力的反应，绿色行为与企业发展方向拟合进而形成绿色战略，并将企业对外部压力的逃避行为和遵守行为提炼为企业非主动绿色战略，将企业对外部压力的积极配合行为和改善自身行为提炼为企业主动绿色战略。

可见，企业的战略反应行为能够以企业态度为依据进行划分，根据主动性程度将战略反应分为不同的类型，主要有主动型战略反应和被动型战略反应两大类别，研究者根据这两类战略反应进行了延伸和细分，得到更多的战略反应类型，基于战略反应的分类逻辑，进一步形成了相应的战略类型。

三、煤炭企业绿色低碳发展战略提出及类型分析

随着社会发展，对于能源产业环保要求不断提高，在能源技术的支撑下，能源的低碳利用和打造循环经济在能源产业的发展中扮演越来越重要的角色，传统的绿色行为与低碳发展和循环经济概念进一步融合，绿色低碳行为应运而生，而绿色低碳发展战略作为在绿色战略基础上结合时代背景而演化形成的概念，与绿色战略存在大量相似的地方，同是对于内、外部压力采取的战略反应，基于相似性以及合理性的考虑，其分类方式在很大程度上可参考绿色战略的分类。

胡美琴作为绿色战略研究领域的权威学者，对绿色战略的分类进行了多年的研究。早在 2007 年，胡美琴就梳理了对于绿色战略的分类研究，认可了 Wartick 等（1985）提出的由反应型、防御型、适应型和主动型构成的绿色战略分类，并明确了对于绿色战略，可根据环境问题的重要性以及企业拥有的资源和能力进行划分。而后的研究中，进一步强调了企业战略主动性对于绿色战略分类的参考价值，基于 Oliver（1991）划分的默认、妥协、回避、抗拒和操纵战略反应模式，提出了讨价还价型绿色战略、合作型绿色战略、反应型绿色战略和主动型绿色战略，4 种战略的解释如表 3 - 2 所示（胡美琴和骆守俭，2008）。胡美琴和宋铁波（2016）结合制度战略观以及制度压力和战略反应之间的关系，将战略进一步分为顺从型、参与型和挑战型三类。依据战略主动性以及企业资源和能力对于企业战略反应的划分方式受到邓新明等（2009）、Tan 和 Wang（2011）等多位学者的认可。

表 3 - 2　企业绿色战略类型

战略类型	说明
反应型	是对内、外压力的消极回应，将绿色行为视为增加企业负担行为，为获取基本的环境合法性而采取的措施，较为被动
讨价还价型	是压力下的反应性行为，在面对较强的压力时，企业为争取更有力的位置而采取的行为，通过协商等方式降低监管部门对其容忍的程度
合作型	企业实施高于监管标准的绿色低碳行为，其行为更具有开放性，在实现经济绩效的同时保障环境绩效，如与监管部门进行有效的沟通与合作，形成双赢模式，并参与规则的制定
主动型	是对内、外压力的积极回应，将绿色行为视为增加企业竞争力的来源，为打造竞争优势而采取的行为，具有领先性和前瞻性，需要有足够的资源支撑，能够带来长期利益

资料来源：胡美琴和骆守俭（2008）。

　　本书借鉴胡美琴对于绿色战略的研究成果，将企业战略主动性和企业资源与能力两方面作为煤炭企业绿色低碳发展战略的分类依据进行分类。战略主动性是企业面对内、外部驱动力，基于对环境问题认识，而形成的对绿色低碳行为态度，采取主动性强的战略的企业往往持积极的态度，将驱动力视为发展的机会，而非负担，能够占据较为主动地位，获取主动权。企业资源与能力是企业采取绿色低碳行为所需的支撑和保障。基于战略主动性和企业资源与能力的分类方法同样被 Christman 和 Taylor（2002）所使用，他认为企业所面临的环境问题对于企业的重要性程度以及企业解决问题的潜在能力，共同决定了企业的态度和主动性，并采取此方法构建了由四部分组成环境战略框架：第一部分是主动型战略，第二部分是防御型和能力构建型战略，第三部分是调节型战略，第四部分是反应性战略。虽然前人基于企业战略主动性和企业资源与能力两方面考虑划分的战略反应行为类型采用了不同的名称，但根据两种属性的强弱进行的 4 个大类型的划分方式是相同的。

　　基于以上分析，构建绿色低碳发展战略矩阵，横轴为战略主动性，纵轴为企业资源与能力，纵轴右侧主动性较强，纵轴左侧则较为被动，横轴上方具有较强的资源与能力，横轴下方具有较弱的资源与能力。根据四个象限的特征，结合前人的相关研究成果，我们将具备较强战略主动性的第一象限中的战略称为前瞻性战略，第四象限中的战略称为合作性战略，将战略主动性较弱的第二象限中的战略称为适应性战略，将第三象限中的战略称为反应性战略，如图 3 - 1 所示。

资源与能力
充足

适应性战略　　　前瞻性战略

　　　　　　　　　　　　　　　　　战略主动性

反应性战略　　　合作性战略

匮乏

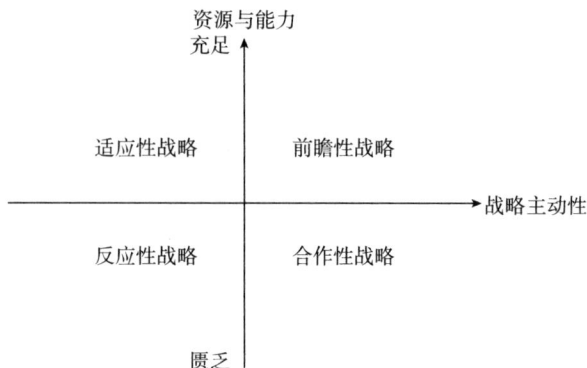

图 3 - 1　绿色低碳发展战略矩阵

（一）反应性绿色低碳发展战略

制度理论解释了反应性绿色低碳行为，主要是由外部变化引起企业被动采取的反应，此类反应性行为具备战略特征，改变了只顾及经济增长的传统模式，将环境因素也纳入了考虑的范围，具备了一定的全局性和方向性，但绿色低碳行为仍然被作为增加成本支出的一种行为，能够将其进一步归纳为反应性煤炭企业绿色低碳发展战略。

反应性绿色低碳发展战略是根据外部环境和政策变化，在满足环保要求的最低标准以及生态平衡的基本需要的情况下，以最小的投入实现经济的绿色增长，在经济增长的同时又能够避免环境问题为企业发展带来负面影响的战略。实施反应性绿色低碳发展战略的企业，往往是在法律和政策对于企业发展的环保和节能减排方面提出了要求的情况下，企业受到了约束和影响，迫于外部压力而进行较为被动的管理，利益相关者压力以及环境合法性是主要的驱动力来源，其绿色低碳行为集中在生产环节与末端治理，难以快速适应环境变化，存在绿色创新不足的问题。由于驱动力变化的反馈作用路径不同，反应性绿色低碳发展战略有外向应变模式和内向应变模式，分别作用于企业外部和企业内部。

（二）合作性绿色低碳发展战略

企业作为经济组织，目的是赚取经济利益，当来自外部的压力与企业的发展目标不一致时，根据交易成本理论，企业会避免可能为企业造成更大运营成本的行为，不会首先选择为了顺从外部压力而改变自身既定的运行轨迹和模式，会选择通过利用自身的资源和能力去影响制度等外部环境因素，但是当企业拥有的资源和能力有限，不足以凭借自身的力量使外部环境因素朝着有利于自身的方向发展或调整时会积极寻求合作性模式。

合作性绿色低碳发展战略是当企业的经营目标与外部压力的作用方向差别较大，且企业不具备足够的条件为行业领导者时，企业积极开发自身的资源和能力，通过与利益相关者的合作，满足利益相关者要求，参与到行业标准、制度规范的制定中，使行业标准、制度规范向更利于企业的方向倾斜，积极寻求合作的方式共同推动绿色低碳行为的实现。合作性战略被认为是企业与监管部门等利益相关者形成密切关系的一种绿色战略，往往能够让企业的竞争力提升和环境绩效提升，实现双赢的绿色管理模式（胡美琴和骆守俭，2008）。

（三）前瞻性绿色低碳发展战略

企业的战略选择决策由企业与外部压力之间的交互作用所决定，企业会顺从外部环境压力，但不仅是顺从行为，也会根据环境采取主动行为（Oliver，1991）。相较制度理论，核心竞争力理论对不断发展和变化的企业绿色低碳行为给予了更加充分、科学的补充解释，基于追求竞争力这一重要的企业目标，明确了企业绿色低碳行为的关键驱动力，挖掘了其富有谋略性和预见性的特征，并解释了可能存在一定的风险性，企业对绿色低碳行为的态度从过去对于增加企业负担的担忧转变为带来企业竞争优势的预期。

前瞻性绿色低碳发展战略是能够以积极、主动的态度探寻传统发展方式的低碳转型，将企业社会责任、环境保护、节能降耗等因素作为重要的战略因素，在追求经济效益的同时能够在当下以及未来一定时期内带来环境效益的经济活动。前瞻性绿色低碳发展战略要求企业维持准确的预测能力，可以发现和识别新的市场机会和绿色发展方向，能够引领甚至制定行业绿色低碳标准，使其绿色低碳活动占主导地位，通过资源的延伸实现灵活应对外部环境的变化。对于选择前瞻性绿色低碳发展战略的企业，常常能够成为行业的领导者，引领绿色低碳发展方向，甚至制定绿色低碳标准，绿色低碳发展战略的实施往往能够为其创造竞争优势，绿色低碳行为可能存在于企业的整个生命周期。

（四）适应性绿色低碳发展战略

根据制度理论，企业的战略反应是为获取制度合法性以保障企业的生存和发展，而企业对于制度压力变化的适应和调整正是适应性战略的具体表现。适应性绿色低碳发展战略是一种相对不积极的战略类型，通过采取适应性行为应对内外部压力的变化。Christman 和 Taylor（2002）提出采取适应性绿色战略的企业，往往认为所面临的环境问题不具备核心战略重要性，绿色行为不能给企业带来可观的竞争优势提升，而且丰富的经验和充足的资源使得企业能够以非常低的成本和投入解决面临的环境问题。相较前瞻性绿色低碳发展战略而言，采取适应性绿色低碳发展战略的企业虽然也常常具备足够的经验和资源，但是主动性的缺失使得其绿色低碳行为缺乏创新性，一般不会成为行业的领导者。

四、煤炭企业绿色低碳发展战略选择影响因素分析

（一）绿色低碳取向对煤炭企业绿色低碳发展战略的影响关系

绿色低碳取向是企业对于绿色低碳理念的认可程度和对于绿色低碳行为所持的基本价值立场，对煤炭企业的绿色低碳战略选择产生较大的影响，绿色低碳取向主要由竞争优势预期、企业文化、高层管理者意愿等因素共同作用形成。在企业的战略选择决策中，高层管理者的意愿和倾向起到决定性作用，而对于环境问题的战略决策，同样是由高层管理者主导，其态度、期望和理念能够推动企业环境行为的实施（Brio 等，2001）。当管理者把环境问题看作机遇时，会积极主动推动企业的环境行为（Concepcion 等，2012），并倾向于选择富有进取性的战略（张文慧等，2005）。企业的战略制定与实施往往意在形成竞争力，获取竞争优势，较高的竞争优势预期能够推动企业的战略选择（王秀丽，

2015）。而煤炭企业对于绿色低碳发展战略的选择也同样考虑战略能够带来的竞争优势，竞争优势预期越高，越有可能被认可和实施。企业绿色文化是随着企业发展过程中形成的对于环境保护、资源节约、社会责任认识的总和，企业绿色文化构建和传承影响企业的每一个管理者和员工，使企业的战略选择更注重对于环境因素的考虑，倾向于选择更加绿色、低碳、环保的企业战略。企业文化中的环境价值观对企业绿色战略绩效预期造成影响，而对企业绩效预期是企业战略的根本驱动因素（Elena 等，2011）。因此，基于绿色低碳取向对煤炭企业绿色低碳发展战略选择的影响关系分析，提出以下假设：

H3 - 1：绿色低碳取向与反应性绿色低碳发展战略选择正相关。

H3 - 2：绿色低碳取向与合作性绿色低碳发展战略选择正相关。

H3 - 3：绿色低碳取向与前瞻性绿色低碳发展战略选择正相关。

H3 - 4：绿色低碳取向与适应性绿色低碳发展战略选择正相关。

（二）企业资源与能力对煤炭企业绿色低碳发展战略的影响关系

资源基础理论认为，企业的竞争力源于资源与能力的独特性，而竞争力的差异决定了企业的战略选择（Wernerfelt，1984），资源作为企业战略的关键因素，其具体影响主要体现在两个方面，一是资源能够改变企业的讨价还价能力以及替代品威胁，二是形成资源壁垒，从而增加企业的竞争力（Barney，

2014；汪涛等，2018）。企业资源是指企业具有的一切有形和无形的生产要素的集合，企业所拥有的资源被有效整合和利用后转化为企业能力，当企业的资源和能力具有异质性，不能够被轻易复制或模仿，则可以转化为竞争优势（Barney 和 Turk，1994），而企业战略决策的根本出发点也正是企业的资源和能力（王冲，2016）。

企业战略需要相应的能力支持才能够形成竞争优势（Hart，1995），煤炭企业绿色低碳发展战略的实施同样需要有足够的资源和能力作为保障和基础，煤炭企业对于矿产资源高度依赖，矿产资源的开发、利用、回收技术也起到关键性的作用，Shama 和 Vredenburg（1998）认为，企业的利益相关者整合能力、学习能力、持续创新能力以及企业所拥有的其他资源会在一定程度上影响企业的绿色战略选择，而前瞻性绿色战略可能会激发基于资源基础观的行为从而形成竞争优势。当煤炭企业拥有足够的资源与能力，会提升煤炭企业对绿色低碳发展战略的主动性，特别是在企业的资源与能力同所选择的战略得以匹配的情况下更有可能采取绿色低碳行为。因此，基于企业资源与能力对煤炭企业绿色低碳发展战略选择的影响关系分析，提出以下假设：

H3 - 5：企业资源与能力与反应性绿色低碳发展战略选择正相关。

H3 - 6：企业资源与能力与合作性绿色低碳发展战略选择正相关。

H3 - 7：企业资源与能力与前瞻性绿色低碳发展战略选择正相关。

H3 - 8：企业资源与能力与适应性绿色低碳发展战略选择正相关。

（三）利益相关者压力对煤炭企业绿色低碳发展战略的影响关系

随着社会经济的发展，企业由单纯的经济人转变为经济社会生态人，来自社会方面的利益相关者压力和生态方面的利益相关者压力对于企业可持续发展相关战略的驱动作用越来越明显（杨静和施建军，2012），由于利益主体假设的改变，企业面对着更加复杂、多样的利益相关者压力，对于企业绿色低碳发展战略的驱动产生着不可替代的作用。

利益相关者压力往往会促使企业采取环境行为，根据 Hoffman（2001）提出的环境行为影响模型可以看出，利益相关者压力主要来自 12 个方面，而其中来自消费者、供应商、股东、政府监管机构、金融机构的压力尤为关键。不同利益相关者可能对企业提出不同的要求，而同一利益相关者也可能对企业提出相互矛盾的不同需求，复杂、多样的利益相关者压力对企业采取的应对战略提出了更高的要求，要在整合各方利益和需求的基础上，采取绿色低碳行为。正如上文所提到的，如果利益相关者压力较大，往往会在很大程度上促使企业采取战略反应，以满足利益相关者要求（胡美琴等，2016）。因此，基于利益相关者压力对煤炭企业绿色低碳发展战略选择的影响关系分析，提出以下假设：

H3 - 9：利益相关者压力与反应性绿色低碳发展战略选择正相关。

H3 - 10：利益相关者压力与合作性绿色低碳发展战略选择正相关。

H3 - 11：利益相关者压力与前瞻性绿色低碳发展战略选择正相关。

H3-12：利益相关者压力与适应性绿色低碳发展战略选择正相关。

（四）市场绿色竞争对煤炭企业绿色低碳发展战略的影响关系

企业属于市场中的组成要素，在市场这个大系统中占有重要地位，其生存和发展离不开市场，企业行为受到市场因素的影响，与市场环境中的其他要素产生相互作用的关系。基于前文对于战略选择影响因素的扎根研究结果可以发现，对于煤炭企业绿色低碳发展战略产生影响的主要市场绿色竞争要素是市场绿色需求和企业绿色竞争。随着消费者的绿色消费意识不断增强，对于煤炭产品的绿色属性需求越来越强烈，市场需求向绿色低碳方向发展，推动绿色低碳发展战略的选择，多位学者先后认可了市场绿色需求对于绿色战略的推动作用（孙宝连等，2009；冯宇等，2011），市场绿色需求对包含绿色低碳发展的环境战略的驱动作用得到了胡元林和康炫（2016）的实证检验。

从企业绿色竞争方面分析，随着市场成熟度的提高，企业之间的竞争由原先的价格竞争、规模化竞争等传统竞争形式，逐步转向为绿色竞争，随着市场竞争格局的改变，企业绿色竞争力的重要性不断提升，煤炭企业的绿色战略可能会带来新的市场竞争优势。市场结构理论认为市场结构是市场竞争的重要部分，是企业能否打造竞争力的关键，市场结构决定了市场竞争规则，企业对于战略的选择应根据市场结构而定，同时，市场结构对于企业绿色竞争优势的获取以及持续性的保持起到重要的作用（冯雪，2008；陈红喜，2008）。企业绿色低碳发展战略的选择受到绿色竞争优势的影响，著名市场结构理论代表人物波特（2000）认为，企业的绿色竞争力由 5 种市场力量的相互作用产生影响，分别是潜在进入者威胁、现有竞争对手的竞争、供应商议价能力、消费者议价能力、替代产品或服务的维系。

可见，市场环境中的市场绿色竞争对企业战略选择产生不可忽视的影响，本书选取市场绿色竞争作为煤炭企业绿色低碳发展战略选择的关键性市场环境因素。对于绿色低碳发展战略的选择，在本质上是对于市场绿色竞争的适应，通过战略实施打造绿色竞争力，并长期维持竞争优势。因此，基于市场绿色竞争因素对煤炭企业绿色低碳发展战略选择的影响关系分析，提出以下假设：

H3 – 13：市场绿色竞争与反应性绿色低碳发展战略选择正相关。

H3 – 14：市场绿色竞争与合作性绿色低碳发展战略选择正相关。

H3 – 15：市场绿色竞争与前瞻性绿色低碳发展战略选择正相关。

H3 – 16：市场绿色竞争与适应性绿色低碳发展战略选择正相关。

五、煤炭企业绿色低碳发展战略选择对企业绩效的影响关系分析

企业作为经济组织，追求利润最大化是其关键的目标之一，

符合企业本质，而营利性是企业生存和发展的基础。企业绩效是判断企业行为是否符合企业目标的重要参考，对于煤炭企业而言，绿色低碳发展战略的选择是否合适在很大程度上应参考绩效指标，因此，煤炭企业绿色低碳发展战略选择与绩效之间的关系分析在煤炭企业绿色低碳发展战略选择研究中扮演着重要的角色。

目前已经存在大量同煤炭企业绿色低碳发展战略选择与企业绩效的关系相关的研究，但研究较为散乱，且并未达成一致。王飞和吕莎莎（2015）提出，对于绿色战略与企业绩效的关系存在两种观点，一种观点认为绿色战略能够提升绩效，另一种观点则认为绿色战略会降低企业绩效，早期的绿色战略多是由于外部环境压力而采取的被动绿色战略，早期的研究倾向于将绿色行为视为增加企业成本的行为，会导致企业盈利能力减弱甚至降低企业竞争力，Walley 和 Whitehead（1994）等多位学者认同绿色战略对企业绩效造成负面影响这一观点。但著名管理学家 Porter 和 Claas（1995）认为，环境规制能够推动企业创新借助创新形成新的竞争优势并带来利益，弥补企业对于环境规制产生的反应性行为带来的成本增加，这种创新补偿具体表现在增加顾客购买意愿和降低生产投入，Hart 和 Ahuja（1996）、Banerjee（2001）等多位学者认同了此观点。

随着社会对绿色发展的要求不断提升以及消费者绿色消费意识的增强，企业的绿色低碳行为会获得更高的市场认可度和消费者忠诚度，从而增加消费者数量，提升销量，同时带来更多的投资者，对企业绩效产生积极作用（Holusha，1995）。

绿色战略能够提升推动企业循环经济的形成，降低对于资源的消耗和浪费，减少生产投入，降低生产成本从而形成成本竞争优势（Hart，1996）。Christmann（2000）对于绿色战略的成本优势提升作用进行了实证研究，进一步确认了绿色战略对于竞争优势的获取和保持作用。基于此，提出以下假设：

H3-17：反应性绿色低碳发展战略与企业绩效正相关。

H3-18：合作性绿色低碳发展战略与企业绩效正相关。

H3-19：前瞻性绿色低碳发展战略与企业绩效正相关。

H3-20：适应性绿色低碳发展战略与企业绩效正相关。

六、煤炭企业绿色低碳发展战略选择模型构建

前文对煤炭企业绿色低碳发展战略选择影响因素、煤炭企业绿色低碳发展战略类型、煤炭企业绿色低碳发展战略选择影响因素的作用、煤炭企业绿色低碳发展战略驱动力、煤炭企业绿色低碳发展战略选择与企业绩效的关系进行了分析，是本书的主要理论推导，在此基础上提出了煤炭企业绿色低碳发展战略选择的理论假设，其中包含煤炭企业绿色低碳发展战略选择影响因素对不同类型的煤炭企业绿色低碳发展战略选择的影响关系假设、煤炭企业绿色低碳发展战略选择对企业绩效的影响关系的假设。将根据所提出的假设，设计本书的理论与实证模型。

（一）理论模型构建

参考 Berman 等（1999）提出的固有利益者承诺模型，该模型由三部分组成，分别是情境（Context）、战略（Strategy）、绩

效（Performance），形成 CSP 研究框架，如图 3-2 所示。

```
┌────────┐      ┌────────┐      ┌────────┐
│  情境  │ ──→  │  战略  │ ──→  │  绩效  │
└────────┘      └────────┘      └────────┘
```

图 3-2　CSP 研究框架

　　基于对煤炭企业绿色低碳发展战略类型的研究得到了反应性绿色低碳发展战略、合作性绿色低碳发展战略、前瞻性绿色低碳发展战略、适应性绿色低碳发展战略 4 类煤炭企业绿色低碳发展战略。企业战略的选择决策受到企业内外因素的影响，对于煤炭企业的绿色低碳发展战略选择，产生重要影响的内外部因素是绿色低碳取向、企业资源与能力、利益相关者压力、市场绿色竞争。绿色低碳取向是企业对于绿色低碳理念的认可程度和对于绿色低碳行为所持的基本价值立场，企业资源与能力是煤炭企业的绿色低碳发展战略需要的支撑和保障，其中包含绿色资源和绿色能力，利益相关者压力对企业的生产、经营活动能够造成直接或者间接影响的压力集团的要求，市场绿色竞争由市场绿色需求、企业绿色竞争等因素组成，企业的战略选择无法离开对于市场因素的考虑。煤炭企业绿色低碳发展战略的选择受到这些因素的共同作用影响。

　　煤炭企业绿色低碳发展战略选择是为了实现企业的战略目标，即获取企业绩效，反应性绿色低碳发展战略、合作性绿色低碳发展战略、前瞻性绿色低碳发展战略、适应性绿色低碳发展战略分别对企业绩效产生不同的影响，反应性绿色低碳发展战略、适应性绿色低碳发展战略通过追求基本合法性，以应对制度压力，减少环境问题给企业带来的负面影响，从而提升企业绩效，并且能够有助于满足利益相关者需求。合作性绿色低碳发展战略、前瞻性绿色低碳发展战略通过积极主动的绿色低碳行为为企业带来竞争优势，形成绿色竞争力，获取利益相关者支持，基于竞争优势的提升从而推动企业绩效的提升。

基于CSP研究框架，结合对于影响因素、战略类型、企业绩效的理论分析，构建煤炭企业绿色低碳发展战略选择理论模型，如图3-3所示。

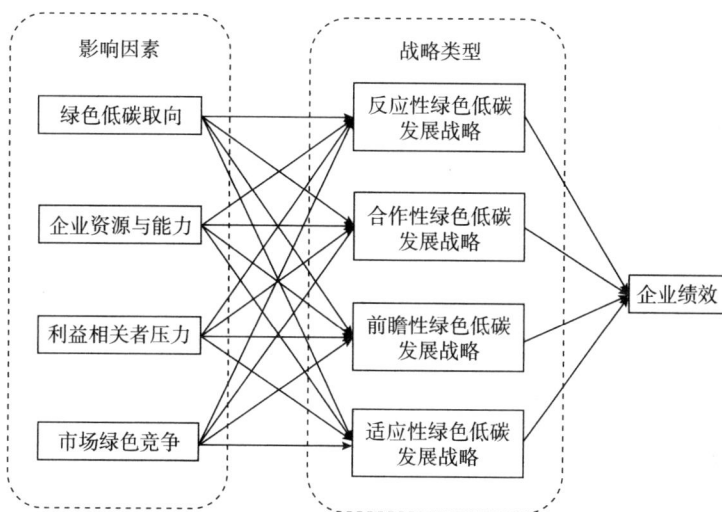

图3-3 煤炭企业绿色低碳发展战略选择理论模型

（二）模型分析

根据理论模型的构建思路，煤炭企业绿色低碳发展战略选择影响因素、煤炭企业绿色低碳发展战略类型、企业绩效在同一个理论框架内，煤炭企业绿色低碳发展战略类型位于中间位置，由反应性绿色低碳发展战略、合作性绿色低碳发展战略、前瞻性绿色低碳发展战略、适应性绿色低碳发展战略构成；煤炭企业绿色低碳发展战略选择影响因素包含绿色低碳取向、企业资源与能力、利益相关者压力、市场绿色竞争4个方面的因素分别对煤炭企业绿色低碳发展战略选择造成影响，所有方面的因素皆与煤炭企业绿色低碳发展战略为正相关关系，对于各方面影响因素与煤炭企业绿色低碳发展战略之间的关系共提出16个假设。根据前文关于煤炭企业绿色低碳发展战略选择与企业绩效关系的理论分析，4类煤炭企业绿色低碳发展战略选择都对企业绩效产生影响，且与企业的绩效的关系都为正相关关系，对于煤炭企业绿色低碳发展战略选择与企业绩效之间的关系共提出4个假设。

（三）实证模型构建

基于理论模型及相关分析，结合上文提出的假设，能够构建煤炭企业绿色低碳发展战略选择的实证模型。实证模型包含煤炭企业绿色低碳发展战略选择影响因素对煤炭企业绿色低碳发展战略类型的作用关系、煤炭企业绿色低碳发展战略类型对企业绩效的作用关系，由20个假设组成实证模型，如图3-4所示。

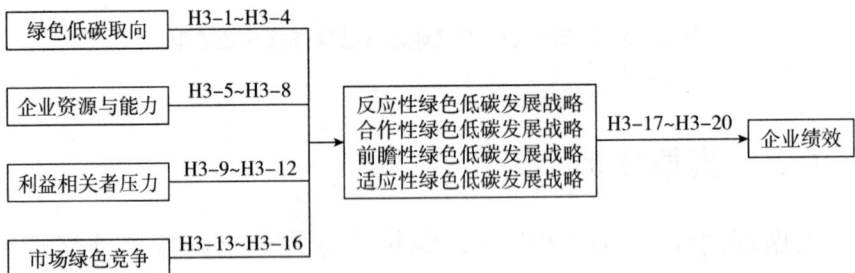

图3-4　煤炭企业绿色低碳发展战略选择实证模型

各项假设汇总如表 3 - 3 所示。

表 3 - 3 煤炭企业绿色低碳发展战略选择研究假设汇总

编号	假设内容
3 - 1	绿色低碳取向与反应性绿色低碳发展战略选择正相关
3 - 2	绿色低碳取向与合作性绿色低碳发展战略选择正相关
3 - 3	绿色低碳取向与前瞻性绿色低碳发展战略选择正相关
3 - 4	绿色低碳取向与适应性绿色低碳发展战略选择正相关
3 - 5	企业资源与能力与反应性绿色低碳发展战略选择正相关
3 - 6	企业资源与能力与合作性绿色低碳发展战略选择正相关
3 - 7	企业资源与能力与前瞻性绿色低碳发展战略选择正相关
3 - 8	企业资源与能力与适应性绿色低碳发展战略选择正相关
3 - 9	利益相关者压力与反应性绿色低碳发展战略选择正相关
3 - 10	利益相关者压力与合作性绿色低碳发展战略选择正相关
3 - 11	利益相关者压力与前瞻性绿色低碳发展战略选择正相关
3 - 12	利益相关者压力与适应性绿色低碳发展战略选择正相关
3 - 13	市场绿色竞争与反应性绿色低碳发展战略选择正相关
3 - 14	市场绿色竞争与合作性绿色低碳发展战略选择正相关
3 - 15	市场绿色竞争与前瞻性绿色低碳发展战略选择正相关
3 - 16	市场绿色竞争与适应性绿色低碳发展战略选择正相关
3 - 17	反应性绿色低碳发展战略与企业绩效正相关
3 - 18	合作性绿色低碳发展战略与企业绩效正相关
3 - 19	前瞻性绿色低碳发展战略与企业绩效正相关
3 - 20	适应性绿色低碳发展战略与企业绩效正相关

本章基于制度理论和核心竞争力理论进行了企业绿色低碳发展战略选择驱动力分析，并沿着驱动力分析的脉络明晰了企业的战略反应行为，将扎根研究结果、驱动力分析结果与文献研究和理论推导结合，凝练出了由反应性绿色低碳发展战略、合作性绿色低碳发展战略、前瞻性绿色低碳发展战略、适应性绿色低碳发

展战略组成的煤炭企业绿色低碳发展战略类型。在煤炭企业绿色低碳发展战略类型得以明确的基础上，分析了绿色低碳取向、企业资源与能力、利益相关者压力、市场绿色竞争4个方面的煤炭企业绿色低碳发展战略选择影响因素对战略类型选择的影响关系，以及不同类型的煤炭企业绿色低碳发展战略对企业绩效的影响关系，并提出了20个相关假设，构建了煤炭企业绿色低碳发展战略选择的理论模型和实证模型。

第四章

煤炭企业绿色低碳发展战略
选择实证研究

前文构建了煤炭企业绿色低碳发展战略选择理论模型，并提出了实证研究框架以及相关的理论假设。煤炭企业绿色低碳发展战略选择的影响因素是基于对中国煤炭企业进行扎根研究提炼的，得到的影响因素结合相关的理论分析进一步推导提出各个影响因素对于煤炭企业绿色低碳发展战略类型的影响关系，以及煤炭企业绿色低碳发展战略选择与企业绩效的影响关系，构建的理论假设具有探索性，需要通过实证分析进行检验。本章根据已经构建的理论模型、实证模型和研究假设，进行实证研究设计和分析，选取中国煤炭企业为样本，通过问卷设计、量表开发、问卷发放与数据分析、实证数据处理和分析、实证结果汇总和讨论完成实证研究，验证煤炭企业绿色低碳发展战略选择理论模型。

一、问卷设计

（一）问卷主要内容

问卷调查是管理学领域中被广泛应用的数据收集方法，是在实证研究中基于客观的验证解释现象的调查方式。问卷调查通常需要研究者将与研究目标相关的问题以书面的方式发放，调查对象通过对问题的作答表现出对现象的认识和想法，回收问卷以获取信息，为研究提供数据支撑。由于本书需要的变量大多是不可观测变量，涉及管理者意愿、判断、预期、价值观等大量主观因素，无法通过官方报告或第三方数据库获取准确的统计数据，且公开披露的企业绿色低碳行为相关信息较少，因此，采取调查问卷的方式获取研究所需要的关于煤炭企业绿色低碳发展战略选择影响因素、企业绩效等方面数据。

本书围绕煤炭企业绿色低碳发展战略选择影响因素对于煤炭企业绿色低碳发展战略选择的影响关系、煤炭企业绿色低碳发展战略选择对企业绩效的影响关系两个核心问题开展问卷设计，以获取检验假设所需的相关数据。问卷的具体内容包含以下四个方面：

第一，被调研煤炭企业的基本信息，主要包括企业所在地、企业所处行业、企业规模、企业所有制性质、企业实施绿色低碳发展战略年限等内容。

第二，煤炭企业绿色低碳发展战略选择影响因素，主要了解煤炭企业高层管理者对于绿色低碳取向、对企业资源和能力的判断、对利益相关者压力的判断、对市场绿色竞争情况的判断等内容。

第三，煤炭企业绿色低碳发展战略实施情况，主要涉及煤炭企业对于反应性绿色低碳发展战略、合作性绿色低碳发展战略、前瞻性绿色低碳发展战略、适应性绿色低碳发展战略的实施情况。

第四，调查煤炭企业绩效，通过调查对象对本企业投资回报、盈利能力、社会责任承担情况等方面的评价，判断企业绩效。

（二）问卷设计过程

问卷设计过程是实证研究中的重要步骤，对于研究的真实性和准确性有着关键性的影响，在很大程度上决定了研究信度和效度是否得到保障，本书的问卷设计过程参考了 Hinkin（1998）、张小军（2012）、刘宏宇（2018）等学者的问卷调查方法，提出本书的问卷设计过程：

第一，根据理论研究结果，结合煤炭企业现状，围绕核心问题确定问卷的形式以及待测变量的相关测量题项，对于题项的设计充分查考本领域现有研究中的相关情况，尽可能借鉴现有研究中已经提出的较为成熟的量表，确保研究的一致性和连贯性。

第二，在初步形成的测量题项基础上进行修正。通过咨询行业专家，征询问卷设计的完善建议，对问卷的措辞、格式、内容等方面进行修正，将存在歧义、含混不清以及无效内容修改或删除，提升题项的恰当性。

第三，进行小范围的访谈，征询问卷的修改意见，进一步完善调查问卷。在煤炭企业的高层管理者中，选择部分代表进行访谈，通过交流沟通，了解被调查对象对于问卷的看法，确保题项与煤炭企业的经营实际相符合，且被调查对象能够充分理解题项。

第四，小样本范围内的测试形成正式问卷。在煤炭企业的高层管理者中选择部分作为调查对象填写问卷，进行小范围的调查问卷测试，根据调查对象的反馈，对问卷再次进行调整，提升问卷质量，形成正式的问卷。

二、变量测量

（一）煤炭企业绿色低碳发展战略选择影响因素量表

1. 绿色低碳取向量表

企业的绿色低碳取向在很大程度上由企业高层管理者对于竞争优势预期所决定，对于竞争优势预期的测量，本书借鉴 Concepction 等（2012）所开发的关于高层管理者对企业战略所形成的竞争优势预期的测量量表。竞争优势预期只是能够反映绿色低碳取向的一个方面，还应考虑管理层管理者的意愿和企业文化等因素，因此，对所借鉴的量表进行了完善和补充，在 Garcés 开发的量表基础上加入"促进企业目标的实现"和"企业文化的发展和传承"两个题项，在更大程度上反映绿色低碳取向。绿色低碳取向测量问项如表4-1所示。

表4-1　绿色低碳取向测量问项

实施绿色低碳行为有可能带来以下情况	非常不符合	不符合	不确定	符合	非常符合
获取效率优势					
获取市场资源优势					
获取管理优势					
促进企业目标的实现					
企业文化的发展和传承					

2. 企业资源与能力量表

在对企业资源与能力方面，需要测量企业是否有基础资源支撑绿色低碳行为，是否有足够的能力运用所拥有的资源，以及有没有冗余资源能够应对绿色低碳行为可能带来的风险。参考李剑力（2009）所开发的对于资源的测量方法，结合煤炭企业资源和能力的特点，进行了部分问项的修订，形成测量问项，如表4-2所示。

表4-2　企业资源与能力问项

企业是否具有以下特征	非常不符合	不符合	不确定	符合	非常符合
有足够的财力资源					
留存收益足以支撑扩张					
有足够的关系资源					
能够在需要时得到金融机构的资助					
具有低碳技术和工艺					

企业是否具有以下特征	非常不符合	不符合	不确定	符合	非常符合
拥有大量专业人才					
有足够矿产资源和生产能力					
有较强的创新能力					

3. 利益相关者压力量表

对于利益相关者压力的测量，国外学者已经提出了一些较为成熟的量表。Buysse 和 Verbeke（2003）认为，企业的环境战略受到外部主要利益相关者、内部主要利益相关者、规制利益相关者和次要利益相关者4个方面的影响，而外部主要利益相关者又包含国内市场消费者、国内供应商、国际供应商，次要利益相关者包含国际竞争者、国内竞争者、国际合作者等因素，内部主要利益相关者包括股东、金融机构，规制利益相关者包含各级政府、本地公共组织。Josefina 等（2008）在 Buysse 和 Verbeke 的利益相关者压力测量量表的基础上进一步分析了不同利益相关者对企业环境行为的影响能力，提出了来自5个方面的共14个利益相关者压力，这5个方面分别是合作政府利益相关者、内部经济利益相关者、外部经济利益相关者、规制利益相关者、外部社会利益相关者，其中规制利益相关者和合作政府利益相关者的作用最为显著。Josefina 提出的企业环境行为利益相关者压力测量量表已经较为成熟，且被广泛使用，本书参考该量表测量利益相关者压力对煤炭企业绿色低碳发展战略选择的影响，形成测量问项，如表4-3所示。

表 4 - 3　利益相关者压力问项

以下利益相关者对企业制定绿色低碳发展战略的影响程度	非常低	低	不确定	高	非常高
企业管理者					
股东					
雇员					
工会					
消费者					
金融机构					
保险公司					
竞争者					
环境立法部门					
行政管理部门					
媒体					
居民					
生态环保组织					

4. 市场绿色竞争量表

根据前文的分析，企业的绿色低碳行为是为了形成竞争优势，获取经济收益，而收益的增加离不开对市场的占有。企业的战略决策往往需要考虑市场的竞争状况，当市场对于绿色低碳行为高度认可，愿意为产品的绿色属性额外支付的时候，市场往往会开展一定程度的绿色竞争，当企业的竞争对手的绿色低碳发展水平较高，企业自身常常会在市场竞争中处于不利地位，为获得市场认可，促使企业参与绿色竞争，而在市场的绿色竞争中，绿色营销竞争占有重要的地位，企业往往通过营销手段使消费者了解其产品和绿色行为。市场绿色竞争测量问项，如表 4 - 4 所示。

表4-4 市场绿色竞争问项

企业所在的市场环境具备以下特征	非常不符合	不符合	不确定	符合	非常符合
竞争对手绿色低碳发展水平较高					
市场对企业绿色行为高度关注					
市场存在激烈的绿色营销竞争					

综合以上4个量表，形成由绿色低碳取向、企业资源与能力、利益相关者压力、市场绿色竞争4个方面构成的煤炭企业绿色低碳发展战略选择影响因素量表，如表4-5所示。

表4-5 煤炭企业绿色低碳发展战略选择影响因素测量量表

维度		测量项目
绿色低碳取向	1	获取效率优势
	2	获取市场资源优势
	3	获取管理优势
	4	促进企业目标的实现
	5	企业文化的发展和传承
企业资源与能力	1	有足够的财力资源
	2	留存收益足以支撑扩张
	3	有足够的关系资源
	4	能够在需要时得到金融机构的资助
	5	具有低碳技术和工艺
	6	拥有大量专业人才
	7	有足够矿产资源和生产能力
	8	有较强的创新能力
利益相关者压力	1	企业管理者
	2	股东
	3	雇员
	4	工会

维度		测量项目
利益相关者压力	5	消费者
	6	金融机构
	7	保险公司
	8	竞争者
	9	环境立法部门
	10	行政管理部门
	11	媒体
	12	居民
	13	生态环保组织
市场绿色竞争	1	竞争对手绿色低碳发展水平较高
	2	市场对企业绿色行为高度关注
	3	市场存在激烈的绿色营销竞争

（二）煤炭企业绿色低碳发展战略选择类型量表

1. 反应性绿色低碳发展战略量表

根据理论分析，煤炭企业绿色低碳发展战略分为反应性绿色低碳发展战略、合作性绿色低碳发展战略、前瞻性绿色低碳发展战略、适应性绿色低碳发展战略共 4 类。反应性绿色低碳发展战略具有较强的方向性，是应对外部压力被动反应，利益相关者压力和追求合法性是其主要的驱动力，采取反应性绿色低碳发展战略的企业对于对绿色低碳行为的态度相对被动，往往将绿色低碳行为视为增加企业负担行为，为避免环境问题造成的负面影响而采取的行为，面对环境规制以服从和满足最低标准为主，其绿色低碳行为主要集中在生产与末端治理。基于 Oliver（1991）提出的对于外部规制的反应战略测量量表，结合反应性绿色低碳发展战略的特征，采用 5 点式 Likert 测量法，答项包含非常不符合、不符合、不确定、符合、非常符合，其中"1"代表非常不符合、"3"代表不确定、"5"代表非常符合，形成问项如表 4 – 6 所示。

表 4 – 6　反应性绿色低碳发展战略问项

企业采取的绿色低碳行为具备以下特征	非常不符合	不符合	不确定	符合	非常符合
根据内、外部压力采取的被动反应行为					
常常为追求合法性而采取措施					
尽可能缩减由绿色低碳行为带来的直接成本					

2. 合作性绿色低碳发展战略

合作性绿色低碳发展战略是在较为积极、主动的态度下，通过寻求外部合作以满足利益相关者要求和制度压力，能够与利益相关者建立密切的联系和有效的沟通机制，其特征表现出合作程度高、主动性强，与外部的合作方式在一定程度上形成了竞争优势，实施的绿色低碳行为常常超越环保要求的标准。根据合作性绿色低碳发展战略的特征，采用 5 点式 Likert 测量法，答项包含非常不符合、不符合、不确定、符合、非常符合，其中"1"代表非常不符合、"3"代表不确定、"5"代表非常符合，形成问项如表 4 – 7 所示。

表 4 – 7　合作性绿色低碳发展战略问项

企业采取的绿色低碳行为具备以下特征	非常不符合	不符合	不确定	符合	非常符合
对绿色低碳行为持积极主动的态度					
寻求外部合作，与利益相关者建立紧密的关系					
通过合作性的绿色低碳行为实现竞争力的提升					

3. 前瞻性绿色低碳发展战略量表

前瞻性绿色低碳发展战略更富有预见性谋略性、风险性、创新性、主动性，想要获取竞争优势，形成竞争力是其主要的驱动力来源，采取前瞻性绿色低碳发展战略的企业往往对绿色低碳行为持积极、主动的态度，重视环境问题，将绿色低碳行为视为竞争力来源，自愿性遵守外部的环境规制，甚至超越环保要求的标准，成为行业领导者，引领绿色低碳发展的方向，其绿色低碳行为可能涉及企业整个生命周期，对驱动力的反馈作用路径涉及内部和外部 2 个方面。根据前瞻性绿色低碳发展战略的特征，采用 5 点式 Likert 测量法，答项包含非常不符合、不符合、不确定、符合、非常符合，其中"1"代表非常不符合、"3"代表不确定、"5"代表非常符合，形成问项如表 4 - 8 所示。

表 4 - 8　前瞻性绿色低碳发展战略问项

企业采取的绿色低碳 行为具备以下特征	非常不符合	不符合	不确定	符合	非常符合
绿色低碳行为超越环保标准，能够在当下及未来一定时期内满足环境规制要求					
在绿色低碳发展方面成为行业领导者，引领发展方向和规则的制定					
以绿色低碳行为塑造企业核心竞争优势，具有一定的创新性					

4. 适应性绿色低碳发展战略

适应性绿色低碳发展战略具有一定的被动性，对环境问题的重视程度较低，为满足合法性和利益相关者压力而采取的适应性行为，对主动性的缺乏造成难以实现绿色创新，不能够成为行业绿色发展的领导者，以较少的投入和成本实现对于规制要求和利益相关者期望的满足，基于 Christman（2002）提出的适应性环境战略测量量表，结合适应性绿色低碳发展战略的特征，采用 5 点式 Likert 测量法，答项包含非常不符合、不符合、不确定、符合、非常符合，其中"1"代表非常不符合、"3"代表不确定、"5"代表非常符合，形成问项如表 4 - 9 所示。

表 4 - 9　适应性绿色低碳发展战略问项

企业采取的绿色低碳行为具备以下特征	非常不符合	不符合	不确定	符合	非常符合
根据内、外部压力采取的被动适应行为					
以较少的投入满足了规制要求，但对企业竞争力未造成明显的提升效果					
绿色创新程度较低，难以成为行业绿色发展的领导者					

综合以上问项，形成煤炭企业绿色低碳发展战略选择类型量表，如表 4 - 10 所示。

表 4 - 10　煤炭企业绿色低碳发展战略选择类型量表

维度		测量项目
反应性绿色低碳发展战略	1	根据内、外部压力采取的被动反应行为
	2	常常为追求合法性而采取措施
	3	尽可能缩减由绿色低碳行为带来的直接成本

维度		测量项目
合作性绿色 低碳发展战略	1	对绿色低碳行为持积极主动的态度
	2	寻求外部合作，与利益相关者建立紧密的关系
	3	通过合作性的绿色低碳行为实现竞争力的提升
前瞻性绿色 低碳发展战略	1	绿色低碳行为超越环保标准，能够在当下及未来一定时期内满足环境规制要求
	2	在绿色低碳发展方面成为行业领导者，引领发展方向和规则的制定
	3	以绿色低碳行为塑造企业核心竞争优势，具有一定的创新性
适应性绿色 低碳发展战略	1	根据内、外部压力采取的被动适应行为
	2	以较少的投入满足了规制要求，但对企业竞争力未造成明显的提升效果
	3	绿色创新程度较低，难以成为行业绿色发展的领导者

（三）企业绩效量表

基于前文对于企业绩效评价研究成果的梳理能够发现，企业绩效评价已经不仅停留在财务指标的考量，维度进一步扩展到了非财务指标。社会的发展以及人类文明的进步使人们更加关注企业行为对环境和社会造成的影响，对于煤炭产业的绿色、低碳发展目标要求进一步提升。正如经典四维度平衡计分卡加入社会责任方面的考虑后形成五维平衡计分卡，对于企业绩效的评价不能够忽视社会绩效和环境绩效。基于 Chan（2005）提出的企业经济绩效测量量表，融入社会和环境维度的非财务指标，实现对企业绩效的综合、科学反映，形成测量问项和量表如表 4 - 11 和表 4 - 12 所示。

表 4 – 11　企业绩效问项

企业实施绿色低碳行为后，企业绩效的实现程度	非常不符合	不符合	不确定	符合	非常符合
投资回报率提高					
盈利能力逐年提高					
市场份额扩大					
承担社会责任					
对地区经济发展起到贡献作用					
能够全面执行环境法规					
积极响应了企业所在地的生态保护工作					

表 4 – 12　企业绩效量表

维度		测量项目
企业绩效	1	投资回报率提高
	2	盈利能力逐年提高
	3	市场份额扩大
	4	承担社会责任
	5	对地区经济发展起到贡献作用
	6	能够全面执行环境法规
	7	积极响应了企业所在地的生态保护工作

三、问卷发放与数据分析

（一）问卷发放

根据本书的研究设计，需要对煤炭企业绿色低碳发展战略选择的影响因素与战略选择之间的关系，以及煤炭企业绿色低碳发展战略选择与企业绩效之间的关系进行实证研究。因此，实证研究的样本为煤炭企业，通过对煤炭企业的管理者发放问卷，以收集相关信息。

煤炭产业主要集中在拥有煤炭资源的地区，而高度依赖煤炭资源的煤炭企业也相对在这些地区集中，因此，选择山西、内蒙古、新疆、陕西、山东等地区进行问卷发放和收集工作。在问卷发放的过程中遵循代表性和便利性原则，采取多种形式相结合的方式发放问卷，具体包含：一是委托中国煤炭交易中心联系与其建立合作关系的各地煤炭企业，邀请符合条件的煤炭企业管理者填写问卷；二是通过笔者的社会关系网络，联系国资监管部门和煤炭行业主管部门帮助向煤炭企业发放问卷；三是利用私人关系发放问卷。向与课题组已经建立关系的煤炭企业管理者直接发放问卷，并邀请向适合填写问卷的朋友发放问卷。另外，由于笔者所在学校每年招收大量的 MBA 学员，MBA 学员中有部分学员就职于煤炭企业，利用和 MBA 学员的私人关系邀请其填写问卷并帮助选择适合的人发放问卷。

为保证实证研究的可检验性和数据的可靠性，对样本的收集进行初步的评判，将明显存在问题的问卷剔除，将不存在明显问题的问卷纳入样本数据，对于问卷有效性的判断标准包含以下几条：一是问卷的完整性，对于全部问项都进行了作答，不存在漏答的题目；二是问卷的真实性，问卷中不能存在连续 10 个问题中全部勾选同一选项的情况，剔除存在随意勾选倾向的问卷；三是在问卷中的反向问项中存在逻辑问题、前后存在矛盾的问卷视为无效问卷。

本次调查共发放 140 份问卷，回收 121 份问卷，回收率为 86.43%，其中有效问卷 116 份，基本满足本次实证研究的对于样本数据收集的预期目标和要求。

(二) 数据分析方法

1. 描述性统计分析

描述性统计分析是管理学领域最常使用的分析方法之一，是对所收集的样本进行整体情况的概述、趋势的研判、离散程度的描述，借助 SPSS20.0 软件对于样本的特征情况进行的基础分析，分为定性描述性统计分析和定量描述性统计分析两种，能够为后期研究奠定基础。本书的描述性统计分析主要涉及两个方面：一是对于样本企业特征的分析，包括企业所在地区、企业规模、企业成立年限、企业实施绿色低碳行为的年限等数据的基础分析；二是对实证数据的特征进行初步的分析和认识。

2. 信度效度分析

信度分析是检验测量结果一致性和有效性的一种综合评价分析方法，其重点在于检测测量本身是否稳定，信度能够反映被测量的特征的真实程度，信度越高则测量结果越可信，误差越小。对于量表题项的一致性如何，一般采用 Cronbach's α 系数信度法，通过测量 Cronbach's α 来判断结果的一致性和稳定性，通常当 Cronbach's α 大于等于 0.7 时，认为数据信度较高，测量结果可信。

效度分析是测量结果有效性和准确性的分析，能够判断问卷内容与主题的切合程度以及结构效度。如果问卷的效度较低，很难达到预期的测量目的，所以具有一定的效度是问卷调查能够被认可的基础。效度可以反映问卷测量出其所预期测量特征的程度，问卷内容与主题切合程度的指标是内容效度，测量结果所体现出的结构与测值之间对应程度的指标是结构效度。本书涉及重要概念大都是在对前人研究基础上的科学界定，对于问卷的设计严格遵循流程并且参照了前人的成熟量表，通过专家咨询的方式收集了多位煤炭企业高层管理者和行业专家学者对问卷的分析和建议，并进行了相应的调整，确保问卷的合理性并符合实际。进行了小范围访谈，对问卷的修改和完善再次进行了意见收集，并根据意见进行了修改，经过与专家及企业管理者反复沟通，形成最终问卷，确保问卷具有较高的内容效度。本书采取因子分析法对结构效度进行了测量，以确保测量结果的有效性。

3. 结构方程模型分析

结构方程模型是近年被广泛用于检验因果关系的方法之一，是在因子分析的基础上结合路径分析形成的数据分析框架，能在分析观察变量与潜在变量之间关系的同时，解释潜在变量之间的关系，并且处理多个因变量且允许更富有弹性的测量模型，其构建过程主要包含模型表述、模型识别、模型估计、模型评估、模型修正。由于本书涉及大量的变量，尤其是难以直接准确测量的潜变量，且变量之间存在错综复杂关系，一般统计分析工具难以处理，因此选择结构方程模型进行变量的分析。

四、实证数据处理和分析

本书构建煤炭企业绿色低碳发展战略选择的实证研究模型，提出相关假设，并通过调查问卷对煤炭企业进行了实证调查。根据实证调查得到的数据进行分析，以验证提出的假设，数据分析包含描述性统计分析、信度效度分析、结构方程分析，并基于分析结果对前文所提出的假设的检验情况进行说明。

（一）描述性统计分析

通过描述性统计分析，对样本企业的总体情况和测量指标的特征进行描述和分析，从中发现规律。本次问卷调查共计发放140 份问卷，回收 121 份问卷，其中有效问卷 116 份。下面从地区分布、企业员工规模、企业所有制属性、成立年限、绿色低碳行为年限等方面进行基本信息的描述性统计分析：

1. 煤炭企业所在地区

本次问卷调查的样本企业为煤炭企业，共涉及 116 家煤炭企业，其地区分布情况如图 4 - 1 所示，其中位于山西的煤炭企业最多，共计43 家，占样本总数的37.07%；位于内蒙古的煤炭企业共计 26 家，占样本总数的 22.41%；位于新疆的煤炭企业共计6 家，占样本总数的5.17%；位于陕西的煤炭企业共计 7 家，占样本总数的 6.03%；位于贵州的煤炭企业共计 6 家，占样本总数的 5.17%；位于河南的煤炭企业共计 4 家，占样本总数的3.45%；位于安徽的煤炭企业共计 3 家，占样本总数的 2.59%；位于山东的煤炭企业共计 11 家，占样本总数的 9.48%；位于北京、江苏、河北等其他省份和地区的煤炭企业共计 10 家，占样本总数的8.62%。

2. 煤炭企业员工规模

本次问卷调查的样本企业员工规模如图 4 - 2 所示，煤炭企业中员工规模在 5000 人以上的较多，100 人以下的极少，多数煤炭企业员工较多，规模较大。其中，员工数量在 5000 人以上的煤炭企业共计 29 家，占样本总数的 37.07%；员工数量在 2000 ~

（％）

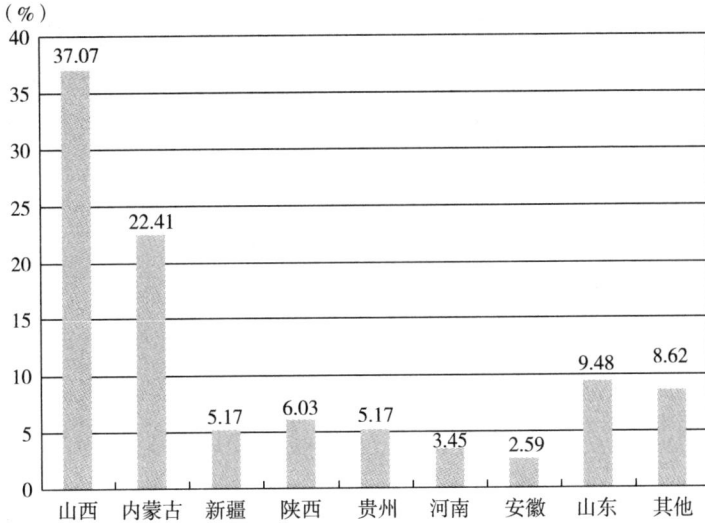

图 4-1　样本企业所在地区分布数据调查分析

（％）

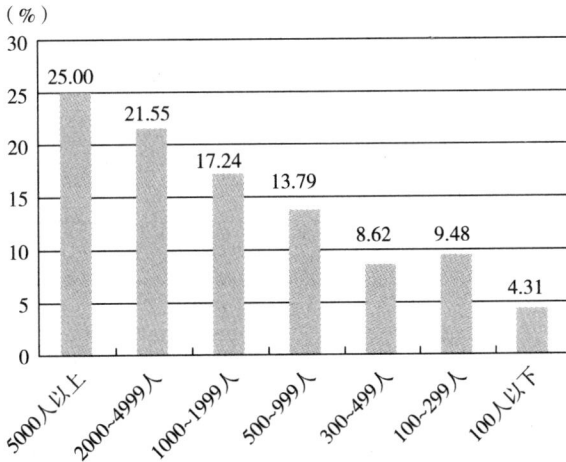

图 4-2　样本企业员工规模数据调查分析

4999 人的煤炭企业共计 25 家，占样本总数的 21.55%；员工数量在 1000~1999 人的煤炭企业共计 20 家，占样本总数的

17.24%；员工数量在 500～999 人的煤炭企业共计 16 家，占样本总数的 13.79%；员工数量在 300～499 人的煤炭企业共计 10家，占样本总数的 8.62%；员工数量在 100～299 人的煤炭企业共计 11 家，占样本总数的 9.48%；员工数量在 100 人以下的煤炭企业共计 5 家，占样本总数的 4.31%。

3. 煤炭企业成立年限

本次问卷调查的样本企业成年限分布如图 4－3 所示，接近一半企业成立年限在 11～20 年，成立年限在 20 年以上以及 6～10 年的企业也较多。其中，成立年限在 20 年以上的煤炭企业共计 25 家，占样本总数的 21.55%；成立年限在 11～20 年的煤炭企业共计 56 家，占样本总数的 48.28%；成立年限在 6～10 年的煤炭企业共计 31 家，占样本总数的 26.72%；成立年限在 3～5年的煤炭企业共计 3 家，占样本总数的 2.59%；成立年限在 3 年以下的煤炭企业共计 1 家，占样本总数的 0.86%。

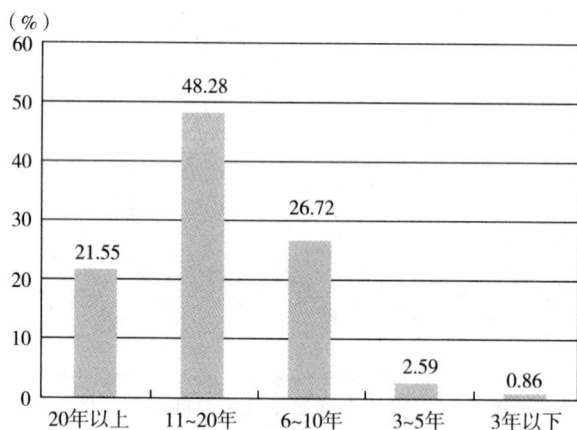

图 4－3 样本企业成立年限数据调查分析

4. 煤炭企业实施绿色低碳行为的年限

本次问卷调查的样本企业实施绿色低碳行为年限分布如图 4-4 所示，多数企业实施绿色低碳行为的年限在 6~10 年和 3~5 年，实施绿色低碳行为超过 20 年的企业极少。其中，实施绿色低碳行为年限在 20 年以上的煤炭企业共计 8 家，占样本总数的 6.9%；实施绿色低碳行为年限在 11~20 年的煤炭企业共计 17 家，占样本总数的 14.66%；实施绿色低碳行为年限在 6~10 年的煤炭企业共计 35 家，占样本总数的 30.17%；实施绿色低碳行为年限在 3~5 年的煤炭企业共计 33 家，占样本总数的 28.45%；实施绿色低碳行为年限在 3 年以下的煤炭企业共计 23 家，占样本总数的 19.83%。

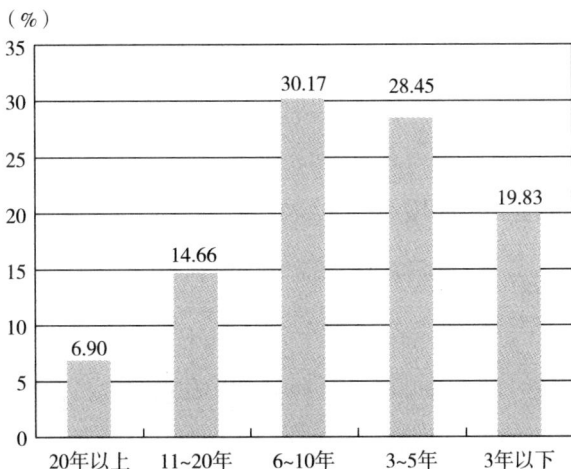

图 4-4　样本企业实施绿色低碳行为年限数据调查分析

5. 煤炭企业所有制属性

本次问卷调查的样本企业所有制属性主要涉及国有企业和民

营企业两类，如图 4 - 5 所示，大部分调查的样本企业是国有企业，小部分是民营企业。样本企业中，国有企业共计 85 家，占样本总数的 73.28%；民营企业共计 31 家，占样本总数的 26.72%。

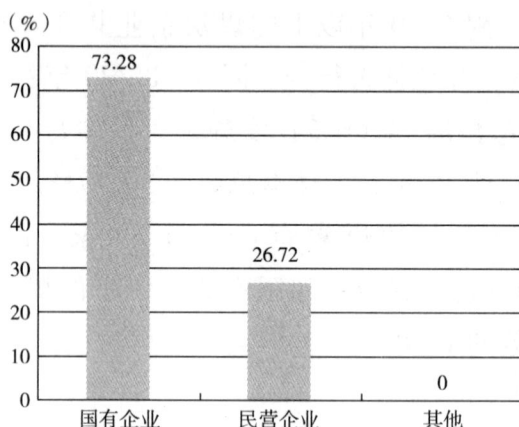

图 4 - 5　样本企业所有制属性数据调查分析

（二）效度与信度分析

1. 效度分析

效度分析是对于研究结构有效性的检验，能够测量问卷结果是否真实地反映了客观情况。检验量表效度一般从两个方面着手，一个是内容效度，另一个是结构效度。本书的量表设计在内容上是借鉴了一些成熟的量表，结合大量的文献研究和专家建议，形成的题项内容能够涵盖研究问题的理论边界。因此，认为量表的内容效度可接受。

采取探索性因子分析对问卷的结构效度进行测量，借助 KMO、Bartlett 检验和主成分分析探究量表的效度。首先，考察变量的 KMO 和 Bartlett 球形度检验结果，KMO 值在 0.7 以上，Bartlett 球形度检验的 P < 0.05，则可以认为问卷适合进行因子分析。表 4 – 13 的结果显示，Bartlett 的球形度检验统计量的观测值为 5783.123，相应的概率 P 值接近于 0，小于 0.05，说明样本显著，适合进行因子分析。同时 KMO 值为 0.874，介于 0.8 ~ 0.9，根据 Kaiser 给出的 KMO 度量标准可知原有变量适合进行因子分析。

表 4 – 13　KMO 和 Bartlett 的检验

KMO 和 Bartlett 的检验		0.874
Bartlett 的球形度检验	近似卡方	5783.123
	Df	1128
	Sig.	0.000

其次，采用主成分分析法提取公因子。碎石图（见图 4 – 6）的结果揭示了提取 9 个因子后曲线下降趋势趋于平缓，结合表 4 – 14 解释的总方差可以看出，有 9 个因子的初始特征值合计大于 1，共解释了总方差的 81.43%，可以涵盖总变量的大部分信息，说明这 9 个因子的提取是合理的。用最大方差法对因子载荷矩阵进行旋转，经过因子旋转后，按照因子载荷系数大小进行排列，得到的因子载荷矩阵如表 4 – 15 所示。

采用最大方差法进行因子旋转，并按因子载荷大小进行排序，最终得出如表 4 – 15 所示的因子旋转矩阵。各题项均只在一个因子上存在高负荷，且所有的因子载荷系数均在 0.7 以上，可以说明问卷的结构效度良好。

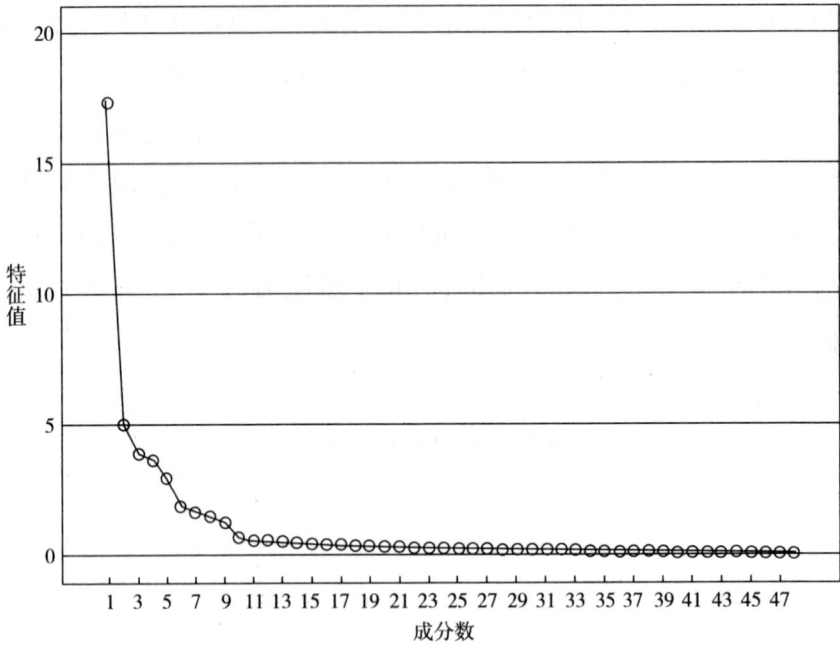

图 4 - 6　碎石图

表 4 - 14　解释的总方差

成分	初始特征值			提取平方和载入			旋转平方和载入		
	合计	方差%	累积%	合计	方差%	累积%	合计	方差%	累积%
1	17.381	36.211	36.211	17.381	36.211	36.211	10.618	22.121	22.121
2	5.03	10.479	46.689	5.03	10.479	46.689	6.13	12.771	34.891
3	3.877	8.077	54.766	3.877	8.077	54.766	5.525	11.511	46.403
4	3.653	7.609	62.375	3.653	7.609	62.375	4.029	8.394	54.797
5	2.952	6.15	68.526	2.952	6.15	68.526	2.716	5.658	60.454
6	1.867	3.89	72.416	1.867	3.89	72.416	2.649	5.518	65.973
7	1.612	3.357	75.773	1.612	3.357	75.773	2.608	5.433	71.406
8	1.472	3.067	78.84	1.472	3.067	78.84	2.455	5.115	76.521
9	1.243	2.591	81.43	1.243	2.591	81.43	2.356	4.909	81.43

表 4 - 15　旋转成分矩阵

	因子 1	因子 2	因子 3	因子 4	因子 5	因子 6	因子 7	因子 8	因子 9
SP12	0.89								
SP10	0.866								
SP4	0.864								
SP2	0.863								
SP13	0.858								
SP11	0.856								
SP3	0.855								
SP1	0.848								
SP6	0.843								
SP7	0.842								
SP9	0.839								
SP5	0.835								
SP8	0.807								
RA2		0.839							
RA1		0.833							
RA6		0.832							
RA4		0.82							
RA7		0.816							
RA3		0.81							
RA5		0.796							
RA8		0.771							
EP6			0.848						
EP7			0.837						
EP4			0.823						
EP2			0.822						
EP3			0.814						
EP1			0.805						
EP5			0.803						
GO2				0.863					
GO4				0.838					

119

	因子1	因子2	因子3	因子4	因子5	因子6	因子7	因子8	因子9
GO5				0.833					
GO3				0.826					
GO1				0.819					
RS2					0.843				
RS3					0.835				
RS1					0.816				
FS2						0.844			
FS1						0.829			
FS3						0.811			
CS3							0.882		
CS1							0.84		
CS2							0.829		
GC1								0.871	
GC3								0.865	
GC2								0.804	
AS1									0.823
AS3									0.782
AS2									0.757

最后，结合量表问项的总结分析可以得出每个因子代表的含义。第一个被提取的因子是"利益相关者压力"，缩写代码为SP，共包括13个题项；第二个被提取的因子是"企业资源与能力"，缩写代码为RA，共包括8个题项；第三个被提取的因子是"企业绩效"，缩写代码为EP，共包括7个题项；第四个被提取的因子是"绿色低碳取向"，缩写代码为GO，共包括5个题项；第五个被提取的因子是"反应性绿色低碳发展战略"，缩写代码为RS，共包括3个题项；第六个被提取的因子是"合作性绿色

低碳发展战略",缩写代码为 FS,共包括 3 个题项;第七个被提取的因子是"前瞻性绿色低碳发展战略",缩写代码为 CS,共包括 3 个题项;第八个被提取的因子是"市场绿色竞争",缩写代码为 GC,共包括 3 个题项;第九个被提取的因子是"适应性绿色低碳发展战略",缩写代码为 AS,共包括 3 个题项。从因子分析的结果来看,最终提取的 9 个因子和假设一致,说明本书的问卷量表是合适的。

2. 信度分析

信度能够反映样本数据的可靠程度和一致性,是客观事物被测量特征真实性的度量指标,在相同情况下,对同一事物进行多次测量,测量结果越相似,则信度越高,说明数据越真实、越可靠。在管理学领域的研究中,通常使用克朗巴哈系数(Cronbach's α)测量信度。一般,Cronbach's α 系数的值在 0 和 1,当 Cronbach's α 系数大于 0.8 时,认为信度高;,当 Cronbach's α 系数介于 0.7 ~ 0.8 时,认为信度较高;,当 Cronbach's α 系数介于 0.6 ~ 0.7 时,认为信度可接受;当 Cronbach's α 系数小于 0.6 时,认为信度过低,不能被接受。在实际研究当中,当 Cronbach's α 系数大于等于 0.6 则能够被接受。另外,一个分析项删除后,剩余分析项的 Cronbach's α 系数,即删除本项后的 Cronbach's α 系数,以及校正项总计相关性(CITC)两个指标也能够反映信度。对各变量的信度计算结果如表 5 – 16 所示。由指标"删除后的 Cronbach's α 系数"可知,删除任一指标后,所在变量的 Cronbach's α 系数均有不同程度的下降,说明不适宜再对题项进行删除。由表 4 – 16 可以看出,9 个变量的 Cronbach's α 系数均在 0.8 以上,说明信度检验结果良好。

表 4 – 16　信度检验结果

变量	题目	Cronbach's α 系数	校正的项总计相关性	指标删除后的 Cronbach's α 系数
绿色低碳取向	GO1	0.921	0.778	0.906
	GO2		0.791	0.904
	GO3		0.789	0.904
	GO4		0.806	0.901
	GO5		0.813	0.899
企业资源与能力	RA1	0.944	0.817	0.936
	RA2		0.816	0.936
	RA3		0.793	0.937
	RA4		0.781	0.938
	RA5		0.761	0.939
	RA6		0.81	0.936
	RA7		0.814	0.936
	RA8		0.798	0.937
利益相关者压力	SP1	0.978	0.86	0.976
	SP2		0.88	0.976
	SP3		0.862	0.976
	SP4		0.853	0.977
	SP5		0.877	0.976
	SP6		0.874	0.976
	SP7		0.829	0.977
	SP8		0.857	0.976
	SP9		0.872	0.976
	SP10		0.889	0.976
	SP11		0.891	0.976
	SP12		0.901	0.976
	SP13		0.873	0.976
市场绿色竞争	GC1	0.846	0.7	0.798
	GC2		0.709	0.809
	GC3		0.764	0.756

续表

变量	题目	Cronbach's α 系数	校正的项总计相关性	指标删除后的 Cronbach's α 系数
反应性绿色低碳发展战略	RS1	0.926	0.864	0.88
	RS2		0.825	0.912
	RS3		0.859	0.884
合作性绿色低碳发展战略	CS1	0.946	0.888	0.922
	CS2		0.877	0.929
	CS3		0.9	0.911
前瞻性绿色低碳发展战略	FS1	0.911	0.827	0.867
	FS2		0.813	0.878
	FS3		0.823	0.87
适应性绿色低碳发展战略	AS1	0.926	0.838	0.902
	AS2		0.835	0.905
	AS3		0.876	0.872
企业绩效	EP1	0.952	0.853	0.943
	EP2		0.846	0.944
	EP3		0.838	0.944
	EP4		0.849	0.943
	EP5		0.836	0.944
	EP6		0.79	0.948
	EP7		0.847	0.943

3. Pearson 相关分析

在进行结构方程模型分析前，应先初步判断模型设置是否合理。采用 Pearson 相关分析法检验各变量间的两两相关性，结果如表 4 – 17 所示，绿色低碳取向 GO、企业资源与能力 RA、利益相关者压力 SP、市场绿色竞争 GC 分别和 4 类绿色低碳发展战略（反应性绿色低碳发展战略 RS、合作性绿色低碳发展战略 CS、前瞻性绿色低碳发展战略 FS、适应性绿色低碳发展战略 AS）两两呈现中低度的正相关，4 类绿色低碳发展战略（反应性绿色低碳发展战略 RS、合作性绿色低碳发展战略 CS、前瞻性绿色低碳发展战略 FS、适应性绿色低碳发展战略 AS）也分别和企业绩效 EP 两两呈现中低度的正相关，初步证明了 H3 – 1 ~ H3 – 20。

表 4 – 17　Pearson 相关分析表

	GO	RA	SP	GC	RS	CS	FS	AS	EP
GO	1								
RA	0.221 *	1							
SP	0.299 **	0.343 ***	1						
GC	0.027	0.072	0.21 *	1					
RS	0.322 ***	0.274 **	0.363 ***	0.261 **	1				
CS	0.328 ***	0.28 **	0.433 ***	0.287 **	0.467 ***	1			
FS	0.316 **	0.324 ***	0.319 **	0.238 *	0.499 ***	0.378 ***	1		
AS	0.338 ***	0.458 ***	0.448 ***	0.195 *	0.491 ***	0.365 ***	0.452 ***	1	
EP	0.297 **	0.371 ***	0.447 ***	0.301 **	0.261 **	0.335 ***	0.34 ***	0.378 ***	1

注：＊代表 P < 0.05，＊＊代表 P < 0.01，＊＊＊代表 P < 0.001。

（三）结构方程模型数据分析

1. 煤炭企业绿色低碳发展战略选择理论模型检验结果

利用 SPSS19.0 和 Amos21.0 软件，采用结构方程模型进一步检验研究假设，得出的结构方程模型如图 4 – 7 所示。其中 SP1 和 SP2、SP7 和 SP12 的模型修正指数 MI 值较大，故分别对残差项设置相关以进行模型修正。最终得到的结构方程模型的整体拟合情况如表 4 – 18 所示，$\chi^2/df = 1.449 < 3$，RMSEA = 0.063 < 0.08，RMR = 0.100，IFI = 0.917 > 0.9，TLI = 0.910 > 0.9，CFI = 0.916 > 0.9，PGFI = 0.602 > 0.5，除 RMR 外的几项拟合指数都达到了临界值范围，所以判定模型可以整体拟合。

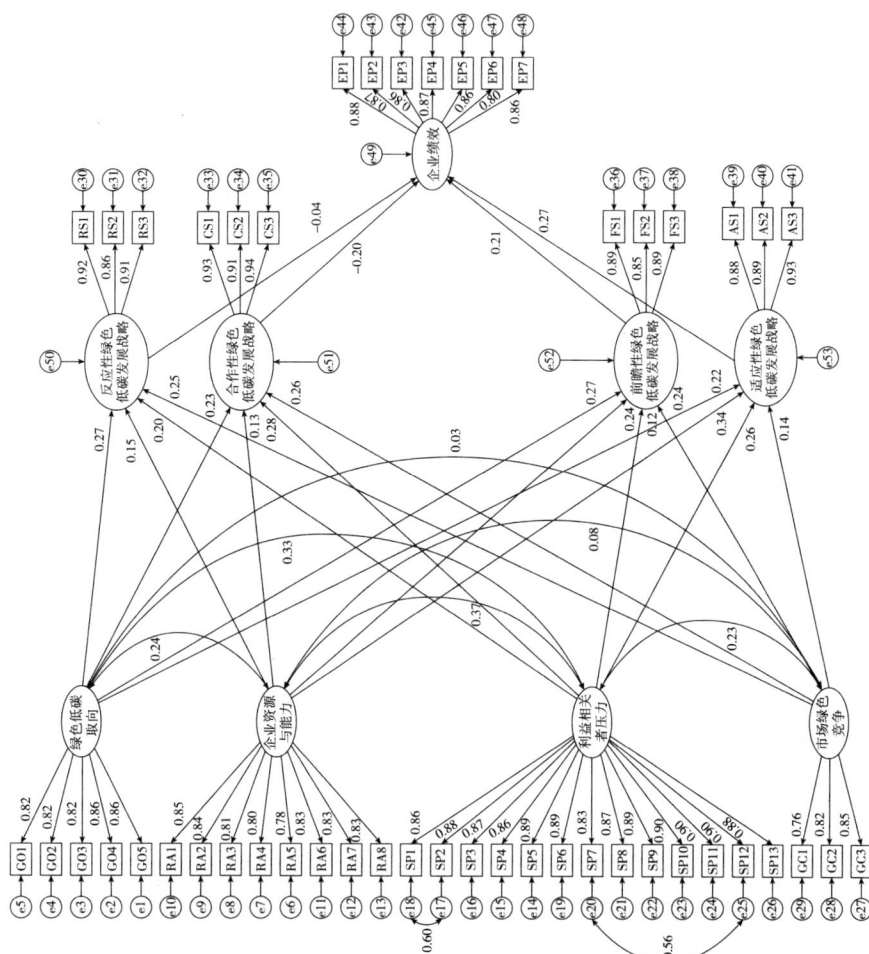

图 4－7 煤炭企业绿色低碳发展战略选择理论模型结构方程关系

表 4 - 18　结构方程模型的整体拟合结果

拟合指标	临界值	模型拟合指数	拟合判定
χ^2/df	<3	1.449	是
RMSEA	<0.08	0.063	是
RMR	<0.05	0.100	否
IFI	>0.9	0.917	是
TLI	>0.9	0.910	是
CFI	>0.9	0.916	是
PGFI	>0.5	0.602	是

2. 煤炭企业绿色低碳发展战略选择理论模型路径系数分析

表 4 - 19 展示了该结构方程模型的路径系数情况，对煤炭企业绿色低碳发展战略选择的影响因素、类型、与企业绩效的相关路径进行分析，结果如表 4 - 19 所示。

表 4 - 19　结构方程模型中的路径系数结果

影响路径	β	S. E.	C. R.	P
绿色低碳取向→反应性绿色低碳发展战略	0.265	0.122	2.813	0.005
企业资源与能力→反应性绿色低碳发展战略	0.154	0.153	1.638	0.101
利益相关者压力→反应性绿色低碳发展战略	0.197	0.114	2.011	0.044
市场绿色竞争→反应性绿色低碳发展战略	0.248	0.167	2.634	0.008
绿色低碳取向→合作性绿色低碳发展战略	0.233	0.126	2.569	0.01
企业资源与能力→合作性绿色低碳发展战略	0.125	0.159	1.387	0.165
利益相关者压力→合作性绿色低碳发展战略	0.279	0.119	2.935	0.003
市场绿色竞争→合作性绿色低碳发展战略	0.256	0.174	2.818	0.005
绿色低碳取向→前瞻性绿色低碳发展战略	0.267	0.108	2.791	0.005
企业资源与能力→前瞻性绿色低碳发展战略	0.242	0.138	2.51	0.012
利益相关者压力→前瞻性绿色低碳发展战略	0.12	0.101	1.216	0.224
市场绿色竞争→前瞻性绿色低碳发展战略	0.244	0.148	2.564	0.01
市场绿色竞争→适应性绿色低碳发展战略	0.143	0.122	1.654	0.098

影响路径	β	S. E.	C. R.	P
利益相关者压力→适应性绿色低碳发展战略	0.257	0.085	2.799	0.005
企业资源与能力→适应性绿色低碳发展战略	0.338	0.118	3.709	0.000
绿色低碳取向→适应性绿色低碳发展战略	0.218	0.09	2.495	0.013
合作性绿色低碳发展战略→企业绩效	0.203	0.067	2.066	0.039
前瞻性绿色低碳发展战略→企业绩效	0.213	0.083	2.135	0.033
反应性绿色低碳发展战略→企业绩效	−0.041	0.071	−0.418	0.676
适应性绿色低碳发展战略→企业绩效	0.265	0.093	2.601	0.009

绿色低碳取向对4类绿色低碳发展战略（反应性绿色低碳发展战略、合作性绿色低碳发展战略、前瞻性绿色低碳发展战略、适应性绿色低碳发展战略）均存在显著的正向效应，P＜0.05，说明H3-1~H3-4成立。

企业资源与能力对反应性绿色低碳发展战略和合作性绿色低碳发展战略的效应未达到显著，P＞0.05，说明H3-5~H3-6不成立；企业资源与能力对前瞻性绿色低碳发展战略和适应性绿色低碳发展战略的正向效应均达到了显著，P＜0.05，说明H3-7~H3-8成立。

利益相关者压力对反应性绿色低碳发展战略、合作性绿色低碳发展战略和适应性绿色低碳发展战略的正向效应均达到了显著，P＜0.05，说明H3-9~H3-10、H3-12成立。利益相关者压力对前瞻性绿色低碳发展战略的效应未达到显著，P＞0.05，说明H3-11不成立。

市场绿色竞争对反应性绿色低碳发展战略、合作性绿色低碳发展战略和前瞻性绿色低碳发展战略的正向效应均达到了显著，P＜0.05，说明H3-13~H3-15成立；市场绿色竞争对适应性绿色低碳发展战略的效应未达到显著，P>0.05，说明 H3 – 16 不成立。

反应性绿色低碳发展战略对企业绩效的效应未达到显著，P>0.05，说明 H3 – 17 不成立；合作性绿色低碳发展战略、前瞻性绿色低碳发展战略和适应性绿色低碳发展战略对企业绩效的正向效应均达到了显著，P<0.05，说明 H3 – 18 ~ H3 – 20 成立。

假设检验结果整理如表 4 – 20 所示。

表 4 – 20　假设检验结果

研究假设	内容	检验结果
H3 – 1	绿色低碳取向与反应性绿色低碳发展战略选择正相关	成立
H3 – 2	绿色低碳取向与合作性绿色低碳发展战略选择正相关	成立
H3 – 3	绿色低碳取向与前瞻性绿色低碳发展战略选择正相关	成立
H3 – 4	绿色低碳取向与适应性绿色低碳发展战略选择正相关	成立
H3 – 5	企业资源与能力与反应性绿色低碳发展战略选择正相关	不成立
H3 – 6	企业资源与能力与合作性绿色低碳发展战略选择正相关	不成立
H3 – 7	企业资源与能力与前瞻性绿色低碳发展战略选择正相关	成立
H3 – 8	企业资源与能力与适应性绿色低碳发展战略选择正相关	成立
H3 – 9	利益相关者压力与反应性绿色低碳发展战略选择正相关	成立
H3 – 10	利益相关者压力与合作性绿色低碳发展战略选择正相关	成立
H3 – 11	利益相关者压力与前瞻性绿色低碳发展战略选择正相关	不成立
H3 – 12	利益相关者压力与适应性绿色低碳发展战略选择正相关	成立
H3 – 13	市场绿色竞争与反应性绿色低碳发展战略选择正相关	成立
H3 – 14	市场绿色竞争与合作性绿色低碳发展战略选择正相关	成立
H3 – 15	市场绿色竞争与前瞻性绿色低碳发展战略选择正相关	成立
H3 – 16	市场绿色竞争与适应性绿色低碳发展战略选择正相关	不成立
H3 – 17	反应性绿色低碳发展战略与企业绩效正相关	不成立
H3 – 18	合作性绿色低碳发展战略与企业绩效正相关	成立
H3 – 19	前瞻性绿色低碳发展战略与企业绩效正相关	成立
H3 – 20	适应性绿色低碳发展战略与企业绩效正相关	成立

（四）间接效应分析

以绿色低碳取向为自变量，企业绩效为因变量，4 类绿色低碳发展战略为中介变量，采用 Process 插件检验 4 类绿色低碳发展战略在绿色低碳取向影响企业绩效过程中的中介效应。

结果整理如表 4 - 21 所示。

表 4 - 21　绿色低碳取向对企业绩效的效应

		效应量	Boot SE	BootLLCI	BootULCI
总效应		0.297	0.095	0.084	0.455
直接效应		0.131	0.095	- 0.074	0.3
间接效应	合计	0.166	0.048	0.088	0.277
	反应性绿色低碳发展战略	- 0.016	0.042	- 0.116	0.048
	合作性绿色低碳发展战略	0.057	0.035	0.003	0.142
	前瞻性绿色低碳发展战略	0.049	0.041	- 0.012	0.147
	适应性绿色低碳发展战略	0.076	0.037	0.022	0.166

绿色低碳取向影响企业绩效的总效应大小是 0.297，通过 Bootstrap 法抽取 1000 次得到的置信区间是 [0.084，0.455]，没有包含 0 在内，说明总效应是显著的。

以 4 类绿色低碳发展战略为中介变量时，绿色低碳取向影响企业绩效的直接效应大小是 0.131，但通过 Bootstrap 法抽取 1000 次得到的置信区间是 [- 0.074，0.3]，包含了 0 在内，说明直接效应不显著。

4 类绿色低碳发展战略的总间接效应大小为 0.166，通过 Bootstrap 法抽取 1000 次得到的置信区间是 [0.088，0.277]，没有包含 0 在内，说明总间接效应是显著的。在 4 类绿色低碳发展

战略中，绿色低碳取向能同时通过两类绿色低碳发展战略来间接地影响到企业绩效，这两类绿色低碳发展战略分别是：合作性绿色低碳发展战略、适应性绿色低碳发展战略。

以企业资源与能力为自变量，企业绩效为因变量，4 类绿色低碳发展战略为中介变量，采用 Process 插件检验 4 类绿色低碳发展战略在企业资源与能力影响企业绩效过程中的中介效应。

结果整理如表 4 - 22 所示。

表 4 - 22　企业资源与能力对企业绩效的效应

		效应量	Boot SE	BootLLCI	BootULCI
	总效应	0.371	0.108	0.143	0.567
	直接效应	0.206	0.123	- 0.049	0.435
间接效应	合计	0.165	0.056	0.077	0.295
	反应性绿色低碳发展战略	- 0.009	0.034	- 0.101	0.042
	合作性绿色低碳发展战略	0.049	0.028	0.006	0.123
	前瞻性绿色低碳发展战略	0.047	0.042	- 0.013	0.156
	适应性绿色低碳发展战略	0.078	0.049	- 0.001	0.188

企业资源与能力影响企业绩效的总效应大小是 0.371，通过 Bootstrap 法抽取 1000 次得到的置信区间是 [0.143，0.567]，没有包含 0 在内，说明总效应是显著的。

以 4 类绿色低碳发展战略为中介变量时，企业资源与能力影响企业绩效的直接效应大小是 0.206，但通过 Bootstrap 法抽取 1000 次得到的置信区间是 [- 0.049，0.435]，包含了 0 在内，说明直接效应不显著。

4 类绿色低碳发展战略的总间接效应大小为 0.165，通过 Bootstrap 法抽取 1000 次得到的置信区间是 [0.077，0.295]，没有包含 0 在内，说明总间接效应是显著的。在 4 类绿色低碳发展

战略中，企业资源与能力只能通过一类绿色低碳发展战略来间接地影响到企业绩效，这类绿色低碳发展战略是：合作性绿色低碳发展战略。

以利益相关者压力为自变量，企业绩效为因变量，4 类绿色低碳发展战略为中介变量，采用 Process 插件检验 4 类绿色低碳发展战略在利益相关者压力影响企业绩效过程中的中介效应。

结果整理如表 4 - 23 所示。

表 4 - 23　利益相关者压力对企业绩效的效应

		效应量	Boot SE	BootLLCI	BootULCI
总效应		0.447	0.09	0.193	0.545
直接效应		0.295	0.099	0.038	0.446
间接效应	合计	0.152	0.052	0.055	0.274
	反应性绿色低碳发展战略	- 0.021	0.043	- 0.115	0.046
	合作性绿色低碳发展战略	0.050	0.037	- 0.017	0.133
	前瞻性绿色低碳发展战略	0.050	0.040	- 0.009	0.143
	适应性绿色低碳发展战略	0.072	0.046	- 0.011	0.172

利益相关者压力影响企业绩效的总效应大小是 0.447，通过 Bootstrap 法抽取 1000 次得到的置信区间是 [0.193，0.545]，没有包含 0 在内，说明总效应是显著的。

以 4 类绿色低碳发展战略为中介变量时，利益相关者压力影响企业绩效的直接效应大小是 0.295，通过 Bootstrap 法抽取 1000 次得到的置信区间是 [0.038，0.446]，没有包含 0 在内，说明直接效应显著。

4 类绿色低碳发展战略的总间接效应大小为 0.152，通过 Bootstrap 法抽取 1000 次得到的置信区间是 [0.055，0.274]，没有包含 0 在内，说明总间接效应是显著的。在 4 类绿色低碳发展

战略中，利益相关者压力不能通过单独一类绿色低碳发展战略来间接地影响到企业绩效。

以市场绿色竞争为自变量，企业绩效为因变量，4类绿色低碳发展战略为中介变量，采用 Process 插件检验4类绿色低碳发展战略在市场绿色竞争影响企业绩效过程中的中介效应。

结果整理如表4-24所示。

表4-24 市场绿色竞争对企业绩效的效应

		效应量	Boot SE	BootLLCI	BootULCI
总效应		0.301	0.12	0.124	0.583
直接效应		0.186	0.121	0.004	0.478
间接效应	合计	0.115	0.042	0.051	0.222
	反应性绿色低碳发展战略	-0.015	0.030	-0.082	0.040
	合作性绿色低碳发展战略	0.047	0.029	0.007	0.137
	前瞻性绿色低碳发展战略	0.037	0.033	-0.008	0.126
	适应性绿色低碳发展战略	0.047	0.028	0.007	0.128

市场绿色竞争影响企业绩效的总效应大小是0.301，通过 Bootstrap 法抽取1000次得到的置信区间是 [0.124，0.583]，没有包含0在内，说明总效应是显著的。

以4类绿色低碳发展战略为中介变量时，市场绿色竞争影响企业绩效的直接效应大小是0.186，通过 Bootstrap 法抽取1000次得到的置信区间是 [0.004，0.478]，没有包含0在内，说明直接效应显著。

4类绿色低碳发展战略的总间接效应大小为0.115，通过 Bootstrap 法抽取1000次得到的置信区间是 [0.051，0.222]，没有包含0在内，说明总间接效应是显著的。在4类绿色低碳发展战略中，市场绿色竞争能同时通过两类绿色低碳发展战略来间接地影响到企业绩效，这两类绿色低碳发展战略分别是：合作性绿色低碳发展战略、适应性绿色低碳发展战略。

　　绿色低碳取向、企业资源与能力、利益相关者压力、市场绿色竞争对企业绩效的效应汇总如表4-25所示。绿色低碳取向、企业资源与能力、利益相关者压力和市场绿色竞争均会通过绿色低碳发展战略间接地影响企业绩效，同时利益相关者压力和市场绿色竞争还会对企业绩效有直接效应。虽然绿色低碳取向和企业资源与能力的直接效应没有达到显著，但总效应和间接效应有着较大的差距，说明除4类绿色低碳发展战略外，还存在其他本书未探究的变量会在绿色低碳取向、企业资源与能力、利益相关者压力、市场绿色竞争对企业绩效的效应中起间接效应。

表4-25　各影响因素对企业绩效的效应分解

	总效应	直接效应	间接效应
绿色低碳取向→企业绩效	0.297	—	0.166
企业资源与能力→企业绩效	0.371	—	0.165
利益相关者压力→企业绩效	0.447	0.295	0.152
市场绿色竞争→企业绩效	0.301	0.186	0.115

五、实证结果分析

　　本章针对煤炭企业绿色低碳发展战略选择研究构建了结构方程模型，验证了煤炭企业绿色低碳发展战略选择的影响因素对战略选择的影响、战略选择对企业绩效的影响。假设绿色低碳取向、企业资源与能力、利益相关者压力、市场绿色竞争对各类煤炭企业绿色低碳发展战略选择均起到正向影响，各类煤炭企业绿色低碳发展战略选择对企业绩效均起到正向影响，根据实证研究结果可得出以下结论：

（一）绿色低碳取向对绿色低碳发展战略选择之间的关系

绿色低碳取向对反应性绿色低碳发展战略选择、合作性绿色低碳发展战略选择、前瞻性绿色低碳发展战略选择、适应性绿色低碳发展战略选择的影响显著（$P < 0.05$），且影响为正，说明绿色低碳取向与反应性绿色低碳发展战略选择、合作性绿色低碳发展战略选择、前瞻性绿色低碳发展战略选择、适应性绿色低碳发展战略选择存在正相关关系。

表明如果具有较强的绿色低碳取向，对绿色低碳行为具有较高预期，则可能选择这4类绿色低碳发展战略推动企业的绿色低碳发展，实现竞争力的提升。反映出煤炭企业的发展目标和理念与绿色低碳发展方向日渐接近，企业管理者意识到了绿色低碳行为给企业带来的长远利益和竞争优势。

（二）企业资源与能力对绿色低碳发展战略选择之间的关系

企业资源与能力对前瞻性绿色低碳发展战略选择的影响显著（$P < 0.05$），且影响为正，说明企业资源与能力与前瞻性绿色低碳发展战略选择存在正相关关系，反映出如果煤炭企业具有较强的企业资源与能力，则可能选择前瞻性绿色低碳发展战略；企业

资源与能力对适应性绿色低碳发展战略选择的影响显著（P <
0.05），且影响为正，说明企业资源与能力与适应性绿色低碳发
展战略存在正相关关系，反映出如果煤炭企业具有较强的企业资
源与能力，则可能选择适应性绿色低碳发展战略。其中，企业资
源与能力对前瞻性绿色低碳发展战略选择的正向相关关系较大，
对适应性绿色低碳发展战略的正向相关关系较小，可能是由于前
瞻性绿色低碳发展战略需要非常丰富的资源和强大的能力作为支
撑，才能够有更强的信心实施前瞻性绿色低碳发展战略，也更有
保障。

企业资源与能力对反应性绿色低碳发展战略选择、合作性绿
色低碳发展战略选择的正相关关系不显著，分析原因可能是采取
合作模式的战略往往能够实现资源共享、能力互补，那么企业资
源与能力对合作性绿色低碳发展战略的作用相对小一些，而反应
性绿色低碳发展战略对于企业资源与能力的占用和使用不多，造
成反应性绿色低碳发展战略、合作性绿色低碳发展战略同企业资
源与能力的关系较弱。也可能是由于在中国情境下，反应性绿色
低碳发展战略受政策因素的影响较大，受企业资源与能力的影响
较小。

（三）利益相关者压力对绿色低碳发展战略选择之间的关系

利益相关者压力对反应性绿色低碳发展战略选择、合作性绿
色低碳发展战略选择、适应性绿色低碳发展战略选择的影响显著
（P < 0.05），且影响为正，说明利益相关者压力与反应性绿色低
碳发展战略选择、合作性绿色低碳发展战略选择、适应性绿色低
碳发展战略选择存在正相关关系，反映出如果煤炭企业具有较强

的企业资源与能力，则可能选择反应性绿色低碳发展战略、合作性绿色低碳发展战略、适应性绿色低碳发展战略。其中，利益相关者压力对合作性绿色低碳发展战略选择的正向相关关系最大。利益相关者压力对前瞻性绿色低碳发展战略选择的正相关关系不显著，分析原因可能是前瞻性绿色低碳发展战略在更大程度上是出于企业对自身能力和绿色低碳行为预期的一种考虑，其具有很强的主动性，受到利益相关者的影响较小、关系较弱。

（四）市场绿色竞争对绿色低碳发展战略选择之间的关系

市场绿色竞争对反应性绿色低碳发展战略选择、合作性绿色低碳发展战略选择、前瞻性绿色低碳发展战略选择的影响显著（$P<0.05$），且影响为正，说明市场绿色竞争与反应性绿色低碳发展战略选择、合作性绿色低碳发展战略选择、前瞻性绿色低碳发展战略选择存在正相关关系，反映出如果存在较强的市场绿色竞争，则可能选择反应性绿色低碳发展战略、合作性绿色低碳发展战略、前瞻性绿色低碳发展战略。其中，市场绿色竞争对合作性绿色低碳发展战略选择的正向相关关系最大。市场绿色竞争对适应性绿色低碳发展战略选择的正相关关系不显著，分析原因可能是采取适应性绿色低碳发展战略的企业往往对于市场绿色低碳需要的变化的关注较少。

（五）绿色低碳发展战略选择与企业绩效之间的关系

合作性绿色低碳发展战略选择对企业绩效的路径系数为0.203，影响显著（$P<0.05$），说明合作性绿色低碳发展战略选择与企业绩效存在正相关关系；前瞻性绿色低碳发展战略选择对

企业绩效的路径系数为 0.213，影响显著（P < 0.05），说明前瞻性绿色低碳发展战略选择与企业绩效存在正相关关系；适应性绿色低碳发展战略选择对企业绩效的路径系数为 0.265，影响显著（P < 0.05），说明适应性绿色低碳发展战略选择与企业绩效存在正相关关系。反映出如果选择合作性绿色低碳发展战略、前瞻性绿色低碳发展战略、适应性绿色低碳发展战略，有可能带来企业绩效的提升。而反应性绿色低碳发展战略选择对企业绩效的影响不显著，说明反应性绿色低碳发展战略选择与企业绩效不存在正相关关系。

综上所述，合作性绿色低碳发展战略、前瞻性绿色低碳发展战略、适应性绿色低碳发展战略都与企业绩效存在显著正相关关系，煤炭企业可以通过选择这 3 类绿色低碳发展战略提升企业绩效，其中适应性绿色低碳发展战略的影响作用最大，说明适应性绿色低碳发展战略可能带来的绩效提升效果最明显。

本章首先根据已经构建的理论模型、实证模型和研究假设进行了实证研究设计和分析，以借鉴成熟量表与理论推导相结合的方式进行了问卷设计与量表开发，明确了绿色低碳取向、企业资源与能力、利益相关者压力、市场绿色竞争、反应性绿色低碳发展战略、合作性绿色低碳发展战略、前瞻性绿色低碳发展战略、适应性绿色低碳发展战略、企业绩效的测量量表。其次，根据实证调查得到的数据，进行了描述性统计分析、信度和效度分析、结构方程分析，验证了提出的假设。最后，对实证研究结果进行了分析，前文提出的 20 个假设中 15 个成立，5 个不成立，其中，绿色低碳取向与反应性绿色低碳发展战略选择、合作性绿色低碳发展战略选择、前瞻性绿色低碳发展战略选择、适应性绿色低碳发展战略选择存在正相关关系；企业资源与能力对前瞻性绿色低碳发展战略选择、适应性绿色低碳发展战略选择存在正相关关系；利益相关者压力与反应性绿色低碳发展战略选择、合作性绿色低碳发展战略选择、适应性绿色低碳发展战略选择存在正相关关系；市场绿色竞争与反应性绿色低碳发展战略选择、合作性绿色低碳发展战略选择、前瞻性绿色低碳发展战略选择存在正相关关系，合作性绿色低碳发展战略、前瞻性绿色低碳发展战略、适应性绿色低碳发展战略都与企业绩效存在显著正相关关系，其他均不存在正相关关系。

第五章
煤炭产业绿色低碳发展问题
分析及策略研究

煤炭产业是一个多主体的、复杂的系统，而煤炭企业作为煤炭系统中最重要的主体之一，与其他要素之间存在烦琐的相互作用机理，本章通过构建煤炭产业发展的系统动力学模型，研究煤炭企业绿色低碳发展过程中的重要影响因素，各因素之间的相互作用关系，为战略选择奠定良好基础。同时，定义发展中存在的关键问题，并基于系统基模的构建和分析提出解决关键问题的对策。

一、煤炭产业的发展情况分析

山西是中国最重要的煤炭能源基地，是中国的煤炭储量、生产、外调大省，全省含煤面积 6.2 万平方公里，煤炭储备量约为 2674.3 亿吨，约占全国煤炭储备量的 1/4，1949~2015 年，山西的原煤生产量累计达到 166 亿吨，其中外调 110 亿吨①。山西煤炭产业的发展就像中国煤炭产业发展的一个缩影，具有很强的代表性，故选择以山西省为例开展研究。

山西煤炭产业的发展经历了起步、快速发展、下降、缓慢复苏的过程。山西煤炭产业的起步阶段从 20 世纪 50 年代开始，这一时期是山西煤矿全面铺开基本建设，稳打基础的阶段，山西省内一些位于大同、长治、晋城的煤矿开始初具规模，对应矿务局组建完成。60 年代开始，山西推广机械化采煤技术，各大煤矿改建、扩建，进一步为煤炭产业的高速发展夯实了基础。80 年代开始，中国实施改革开放战略，山西确立为中国的能源基地，煤炭产业得到了政策的大力支持，采煤设施的机械化、现代化水平得到发展，中小煤矿遍布山西各地。数量众多的中小煤矿在生产技术、生产水平上远远低于大型现代化煤矿，造成煤炭资源严重浪费，煤矿安全水平极低，煤矿安全事故频发。在这一阶段，小煤窑的污染排放远超国家规定指标，生产对环境污染严重，对环境的治理和修复消耗大量资金和人力。

进入 21 世纪以来，山西煤炭产业步入了快速发展阶段，为了有序健康发展山西煤炭产业，山西省政府出台了一些有利于煤炭产业可持续发展的政策，山西省内大面积查封关停非法小煤窑，中小煤矿资源整合，煤矿数量快速下降，进而促进了中、大型煤矿扩大生产规模，中、大型煤矿多数形成规模经济，在一定程度上提高了集约化水平。各大煤炭企业整合小煤矿形成产业集群，实现技术互通，清洁化生产技术被广泛采用，煤矿管理趋于正规化、集团化，煤矿安全事故降低。同时在这一阶段煤炭资源

---

① 资料来源：山西省煤炭工业发展规划。

需求旺盛，但产能投入却相对滞后，煤炭价格上升、利润增加，企业为了争夺利润不断加大生产力度，当受到产能的限制无法增加产量时，又后知后觉地盲目扩大产能。虽然山西煤炭产业经历了"黄金10年"的快速发展阶段，但整个产业展现出了一个非理性、非健康的发展状态。

2012年，煤炭价格进入下降通道，开启了一轮持续下跌的行情，致使煤炭产业步入寒冬。其根本原因是煤炭产能持续扩张和释放，产能过剩愈演愈烈，多数煤炭企业亏损严重。以煤炭产业的龙头企业之一，上市公司大同煤业股份有限公司（以下简称大同煤业）为例，根据其官方网站公布的年报显示，2012年实现利润总额15.34亿元，比2011年的28.99亿元下降47.09%，2013年业绩下滑更为严重，亏损1.68亿元。煤炭的价格下降导致每吨煤的盈利降低，加之多数煤炭企业的人力成本和管理费用较高，煤炭企业如正常生产会亏损，如不生产则亏损更加严重，进入了一个难以破解的困境，山西煤炭产业的下降阶段一直持续到2016年初。山西煤炭产业随着煤炭价格的止跌，于2016年2月进入复苏期，煤炭企业业绩开始好转。

煤炭产业的发展呈现"上升—下降—缓慢复苏"的态势。从系统视角来看，山西煤炭产业系统经过这样的发展阶段之后已经表现出巨大的经济、社会、政治、文化和环境的复杂性。这种复杂性涉及相互作用、相互依存的系统各个组成部分，而这些组成部分的良好运转可以维持系统的稳定性，如出现问题甚至可能导致整个煤炭系统崩溃。在处理系统问题上，使用传统的线性因果关系分析的方法不能产生积极的、持久的效果。所以，迫切需要一种新的方法去剖析这种系统的复杂性，那就是系统动力学的方法。

二、系统动力学研究方法

（一）系统动力学

系统动力学（System Dynamic）最初是由美国麻省理工学院的 Forrester 教授在 20 世纪 50 年代提出的。早期多在工业管理中使用，后来开始用于其他领域，逐渐兴起，在处理系统问题上被学者广泛使用，可用于分析系统中复杂的、动态的、非线性的关系。它可以针对现实系统中存在的问题，从系统整体出发，较为准确地识别和分析其影响因素。系统动力学方法往往是利用"只要是系统就有结构，而系统结构决定系统的功能"的系统科学思想，基于系统内部组成要素互为因果的反馈特点，着眼于系统的内部结构以寻找问题发生的根源，而非用外部的随机事件或干扰来说明系统的行为性质。系统动力学的方法能够实现通观全局，充分考虑系统中的各个因素以及因素之间的关系。系统动力学中最常用的分析工具包含因果回路图、系统基模、存量流量图等。

（二）因果回路图

因果回路图是一个可以直观地表示系统反馈的重要工具，图中包含多个变量，带箭头的因果链将变量连接，形成闭合回路。梁志霞（2016）提出，从因果回路图可以看出变量之间是正相关关系还是负相关关系或者是无关系，但因果回路图只能进行粗略的定性描述，无法定量地描述。

（三）系统基模

美国麻省理工学院的彼得·圣吉（Peter M. Senge）教授在《第五项修炼》（*The Fifth Discipline*）中提出了系统基模（Systems Archetypes）分析方法，一个可用于了解系统结构、分析系统行为的有效的工具，它运作一组基本的图形符号，简单、明了地描绘出各个因素之间的影响关系，它可以深入地洞悉复杂系统中的一般行为模式，并展现出随时间推移，其系统行为的变化情况。系统基模常常被用于研究解决产业发展和企业经营中遇到的各种问题，它一般由两个或两以上的正、负反馈回路构成。

最常用的系统基模一般为双回路基模（见图 5 – 1），包含一个预期结果反馈回路和一个非预期结果反馈回路。预期结果反馈回路的结果来自系统内发起的一个行动，而非预期结果反馈回路的结果来自系统外或者系统内其他部分的反应。非预期结果呈现之前会有一个延迟，有一个系统边界隐藏非预期结果。

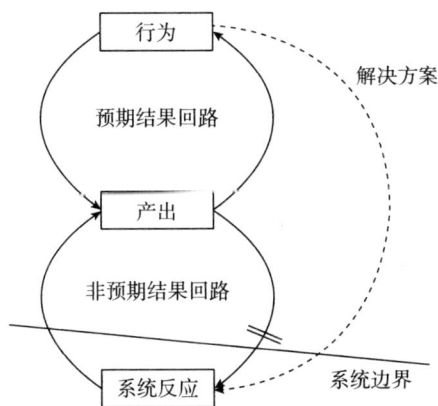

图 5 – 1　通用双回路基模

行业或组织中的问题一般也是由两个反馈回路引起的，这两个反馈回路往往出现在组织中的两个不同部分，这两个部分被边界区分开，这两个部分可能是组织内的两个不同职能部门，也可能是组织与组织的外部环境。管理者的视野常常无法穿越边界导致很多问题的产生，而系统性的视野和对边界的理解有助于规避这些问题。

三、煤炭产业系统基模

煤炭产业是一个较为复杂的、多维度的动态系统，煤炭企业的活动是一个子系统，煤炭系统的发展受到系统内因素和系统外因素交互影响，这些因素相互作用、相互影响、相互依存的关系构成了煤炭系统的运行过程，如果将系统的各个要素分开单独研究，会破坏系统内部的连接以及系统整体性，所以，要将系统作为一个整体进行研究（见图 5 - 2）。

运用系统思维和系统动力学方法，将煤炭、环境、人口、经济等因素纳入一个复杂大系统中进行动态分析研究。利用系统结构分析依据煤炭系统实际情况确定各影响因素之间的因果关系，以掌握煤炭系统的运行机理和发展规律，并找到绿色低碳发展问题，针对具体问题建立系统基模进一步剖析，可以为煤炭产业的绿色低碳发展提供科学的决策依据。

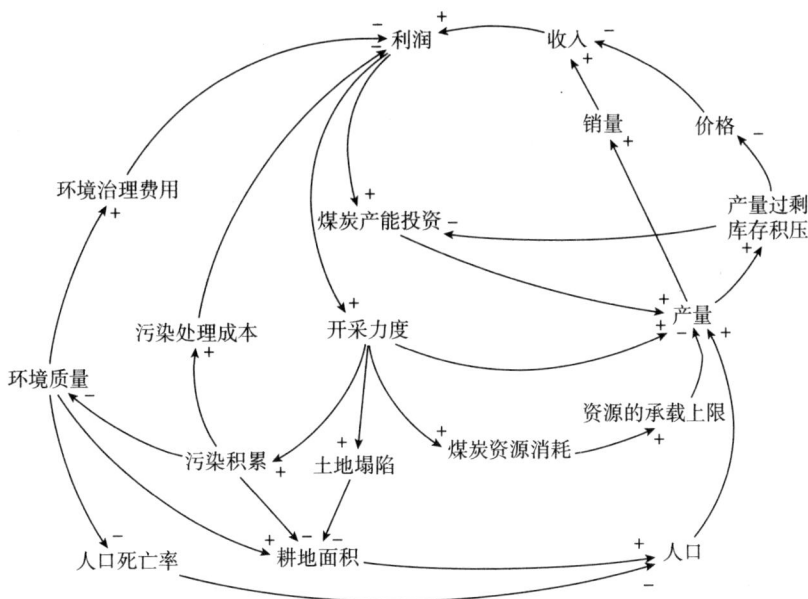

图 5 - 2　煤炭产业绿色低碳发展因果回路

（一）成长上限基模

煤炭企业遇到"成长上限"问题时，往往试图用力推动成长。当煤炭企业加大开采力度，会导致煤炭的产量增加，产量增加的煤炭企业为避免大量库存会加大销售力度，从而引起销售收入的增加并在一定程度上带来更多的销售利润，在收入和利润两项经济指标的驱使下，煤炭企业会进一步加大开采力度，这是一个正反馈回路，如图 5 - 3 所示。为了保障开采力度，员工需要加班疲劳作业、设备连续不间断运转。开始阶段如果初现成效，则继续推动杠杆。然而在工业企业的环保要求不断提升的背景下，对污染物的处理能力往往跟不上由开采力度增加导致的污染增加速度，从而造成越来越多的污染积累，处理不断增加的污水、废渣、废气又会引起处理污染物的成本上升，引起产量降低，以此形成了制约增长的平衡回路，越用力推动增强回路，平衡回路的阻力就越大，最后导致成本的增加大于利润的增加，净利润反而降低。

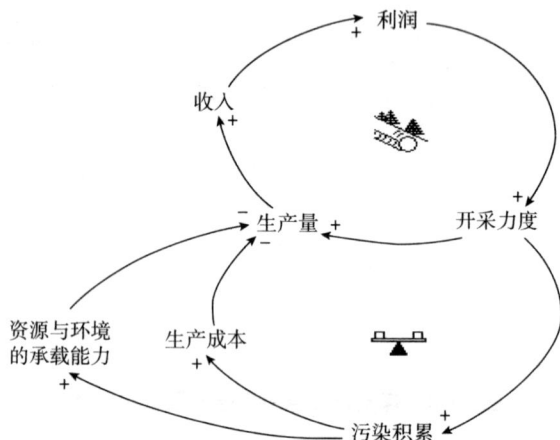

图 5 - 3　成长上限基模

应对成长上限的策略："成长上限"结构的平衡回路是杠杆作用点，想要突破现状，解决"成长上限"类的问题，需要从平衡回路着手，识别并改变平衡回路中制约因素的影响。煤炭企业需要推动循环经济的发展，通过循环技术将排放的废渣、废气变废为宝，变害为利，着力延伸循环链条，利用煤矸石、水煤浆、煤泥等废渣作为燃料进行发电，产生能源，实现煤电一体化深度融合，引进和开发更先进的煤层气利用技术，减少气体排放。

虽然有些煤炭企业在被污染引起的问题造成负面影响后，采取了循环利用策略，希望通过形成可制约第一个平衡回路的第二个平衡回路来解决问题，但是对于循环经济的建立起步晚、进度慢，难以解决日益严重的问题，第二平衡回路的触发错过了最好的时机，而未能起到最佳的效果，可见现有的策略需进一步完善。

　　煤炭企业可通过设置污染积累监测预警机制，科学测算并预设危险指标，当由于发展引起的污染快达到危险指标时，对煤炭企业进行预警，而煤炭企业接到预警后，在最佳时间采取循环经济策略以缓解系统恶化，触发可制约第一个平衡回路的第二个平衡回路。如图 5－4 所示，循环经济的实现调整了系统结构，可以从污染积累环节解决"成长上限"问题。

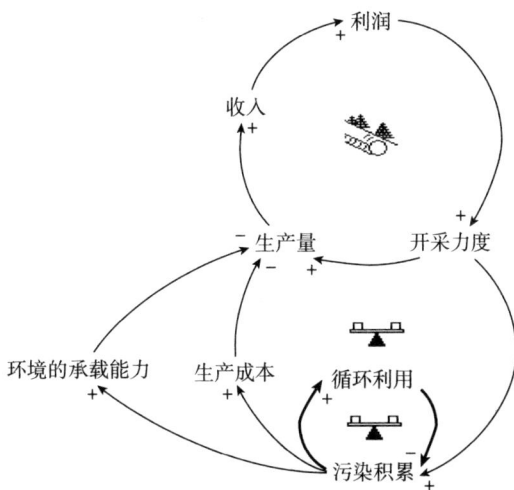

图 5－4　成长上限问题解决策略

　　成长上限结构属于通用双反馈回路基模，所提出的策略为基模问题的结构优化解，在双反馈回路基础上，设置第三个回路，并在三个回路之间设置两条链接，以两条链接触发解决机制。如图 5－5 所示，当增强回路引发平衡回路时，通过连接触发第二个平衡回路，以第二个平衡回路弱化第一个平衡回路的效果，这样就形成了包含一个增强回路和两个平衡回路的三回路通用基模，此类问题都可以通过结构优化的方式解决。

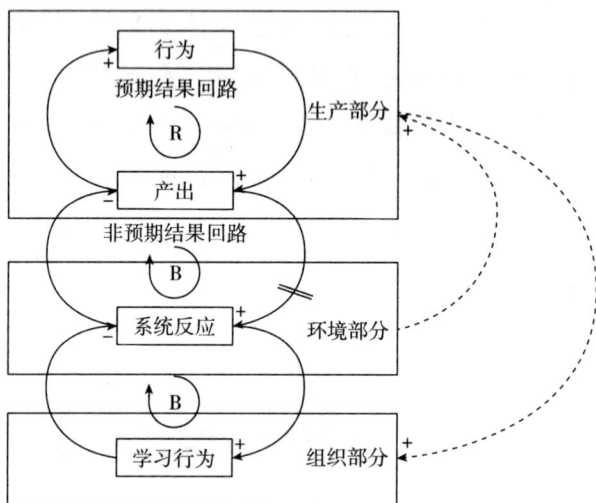

图 5-5　通用三反馈回路基模

（二）共同悲剧基模

一个区域的煤炭企业共同开采地下煤炭资源，煤炭资源属于不可再生资源，储量固定、有限，起初煤炭企业通过开采煤炭资源而逐渐扩展，但是在煤炭企业投入了大量固定成本建设采煤设备后，会不断想要扩大生产以提高它们自己的福利，直到煤炭资源逐步逼近枯竭，收益不断递减，越努力扩大，成长越慢。煤炭企业在一味追求产量的同时，还造成了大量的资源浪费及环境的破坏。据测算，矿井开采 1 万吨煤炭就有 0.01~0.29 公顷土地塌陷，露天开采 1 万吨煤炭就有 0.06~0.13 公顷土地塌陷。土地的塌陷会导致地表沉降，对地面造成严重破坏，还有可能引发山体塌陷、落石、泥石流等灾害，危害生态系统，损坏生态环境，致使人类的居住环境恶化。共同悲剧基模如图 5-6 所示。

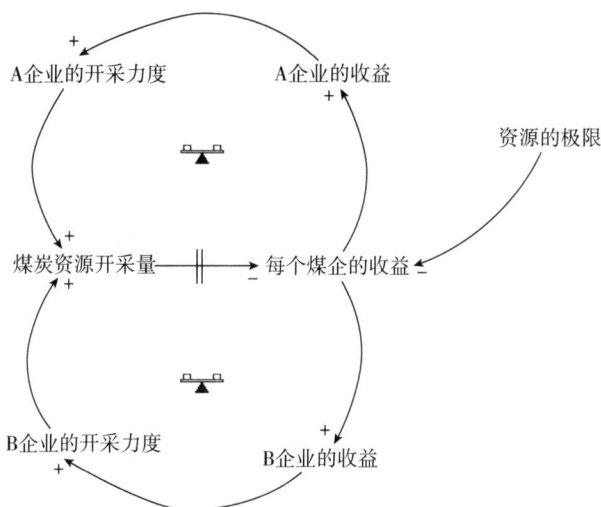

图 5-6　共同悲剧基模

　　应对共同悲剧策略：针对共同悲剧问题，可采取的杠杆解一般分为自我管制和政府调控两种。董江（2009）提出，在煤炭产业中，煤炭企业可以共同设计调节机制和约束机制，约束自己的行为，以管理煤炭资源的合理开采，形成自我管制。政府调控一是可以从征税着手，开采量大、收益多的煤炭企业承担起更大的责任，对其多征税，当征税给他们带来的成本高于他们过度开采获取的利润时，煤炭企业会停止过度开采行为，这部分税可以用于维护生态环境、改善有限资源的开发利用。二是进一步明确各个企业的开采权范围，对明确划定范围内的煤炭资源实行排他性占有。

（三）舍本逐末基模

煤炭企业在产业快速发展阶段中不断扩张规模，加大生产力度，加大人力、物力投入，然而随着社会的发展和科技的进步，越来越多的新兴能源诞生，市场不断出现煤炭的替代产品，对于煤炭的需求量逐步下降，对于煤炭企业而言，曾经"黄金十年"一煤难求的局面一去不复返，转而出现的是煤炭的大量积存、滞销，生产出来但没有买家，库存量越大库存成本越大，库存成本的不断积累造成产煤的净利润不断下滑。特别是在煤炭价格下行时期，生产煤炭不仅无法获利，甚至为去库存亏本出售煤炭，直到现在，市场上仍然是以煤炭供大于求的现象为主，并且未出现有效的长期缓解趋势。针对这一问题，各个煤炭企业采取了限产的策略，工人轮流上岗减少工作时间，关停部分设备减少设备运转时间，但通过限产手段只能暂时性地缓解问题，并没有产生持续性的效果，问题未根本性解决。

政府层面通过关停部分煤矿，停止新建煤矿减少产能，但行政手段使企业无法实现自身的良性循环，大量下岗员工问题难以解决，仍然耗费巨大的资金供养员工的基本生活保障，煤炭行业成为一个"无底洞"，如情况继续恶化可能造成社会动荡。虽然关停煤矿、限制生产可以缓解产量过剩的问题，但是缓解程度越来越弱，并带来了副作用，引起新的问题，依然治标不治本。舍本逐末基模如图 5 - 7 所示。

在舍本逐末问题的解决上，应该要重点放在根本解。通过限产、关停煤矿等方式化解过剩产能、淘汰落后产能是应对产量过剩问题的症状解，但只能暂时缓解症状并且会带来新的问题，煤炭产业进行结构调整、转型升级才能真正化解问题，同时能给予员工新的岗位进行安置。但是煤炭产业作为山西省的支柱产业，规模巨大，短期内无法实现结构调整，而限产、去产能可以争取来所需要的时间，所以症状解要与根本解结合，限产、去产能与产业结构转型调整相结合才能彻底解决煤炭产业的舍本逐末问题，实现真正治本。

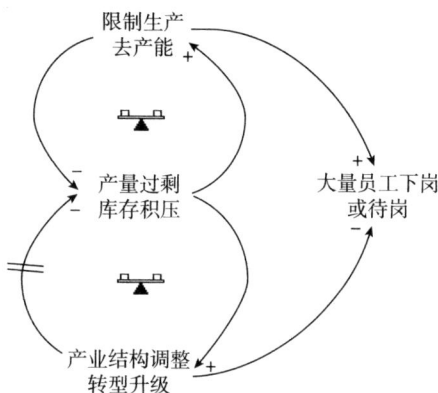

图 5 - 7　舍本逐末基模

（四）恶性竞争基模

煤炭价格的连年下跌导致了煤炭的销售难度不断加大，煤炭企业纷纷出现资金问题。在这样的背景下，煤炭企业更需要稳定的销量和市场占有率，才能维持现金流、保障银行贷款的续发。煤炭产业出现得较为常见的恶性竞争是，当 A 企业为了保障销量而降低煤炭售价时，B 企业看到 A 企业造成的威胁，看到了可能被 A 企业夺走的市场份额，为了保障自己的利益，B 企业要比对手更低价格以获得竞争优势，从而进行煤炭价格降价。一段时间后，A 企业又看到了 B 企业产生的威胁，于是更加积极地采取措施，降低售价，重建自己的竞争优势。由于煤炭产品的同质性较高，所以获取竞争优势的手段都从价格入手。煤炭企业常常将注意力放在竞争对手的威胁上，采取的市场策略也是针对对方的威胁，如此反复形成恶性循环，两败俱伤。恶性竞争基模如图 5 - 8 所示。

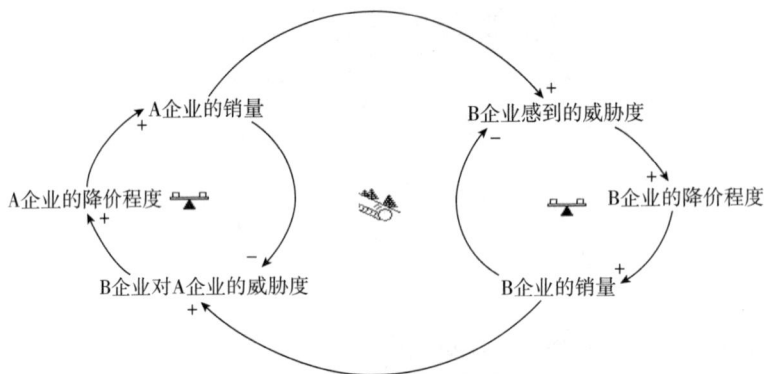

图 5 - 8　恶性竞争基模

在恶性竞争的结构下，要想走出困境，双方需寻求都能够获益的双赢政策，将对方的目标也纳入自己在制定决策时的考量范围。煤炭企业应进一步完善自身的价格机制和外部协调机制，根据市场及成本理性定价，科学把控，积极与外部沟通交流，为完善市场环境做出努力。当一家煤炭企业如此行事，表现出积极和平的行为，那么会使对方感觉威胁降低从而也采取积极和平的行为，能够改变对立局势不断升高的局面甚至达成合作共赢的态势。另外，煤炭企业要加强管理团队建设，制定自我约束机制，才能长期规避恶性竞争问题的再次出现，真正走出恶性竞争困境。

（五）意外之敌基模

煤炭企业最大的客户群体是电力企业，火电厂每年购买大量的煤炭进行发电和储备，电力企业的订单对于煤炭企业来说是相对稳定、可靠的产品销售途径。通常煤炭企业会为电力企业按照预先商定的时间进度，提供符合要求的煤炭产品。而电力企业会保证以预先商定的价额购买足量的煤炭产品。在一些案例中还有可能预先支付煤炭销售的定金。在这样的合作下，煤炭企业往往能够以较低的风险保障销量和售价。

起初这样的合作关系运行良好，然而，随着煤炭企业对电力企业的依赖程度不断加大，电力企业具有了越来越大的话语权和财务优势，并且开始压低煤炭企业的利润并干涉其运营。维系这样的合作关系对于煤炭企业变得困难，成本不断上升。有些煤炭企业甚至违反合同，将煤炭转而卖给了其他买家，最终导致双方的利润都受到了损害，合作伙伴反而成了敌人。意外之敌基模如图 5-9 所示。

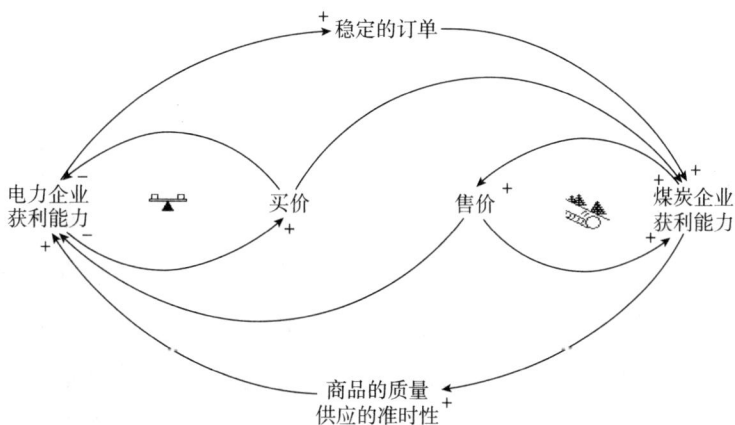

图 5-9 意外之敌基模

针对意外之敌结构问题，煤炭企业和电力企业应该通过协商以达成战略联盟，放弃仅有利于其中一方的策略。双方需要进行换位思考，开诚布公地谈判，不应在未商谈的情况下做出损害对方的举动。煤炭企业和电力企业可以致力于实现战略联盟的目标，更清醒地意识到合作的利益大于竞争的利益。

中国是能源生产和消费的大国，煤炭资源丰富，其他资源稀缺的能源结构决定了煤炭产业的重要地位难以被动摇。而随着环境保护、节能减排压力不断增大，煤炭产业必须要走可持续发展之路。煤炭产业是一个复杂系统，其可持续发展涉及社会、经济、资源、环境等多方面因素，其不协调的发展、不科学的管理、不合理的规划导致出现了一系列问题，以系统的视角去分析这些制约因素可以获得更为全面的认识。使用系统动力学的方法可以针对系统问题，找到杠杆解，系统基模的建立可以促进对产业可持续发展中的动态问题产生更深入的理解，并有助于优化现有的策略以及制定新的策略。

通过煤炭产业的系统基模的构建可以发现，从产业政策层面统筹规划、企业层面科学管理用煤、政府层面完善市场环境，是实现煤炭产业可持续发展的重要方向，结合国家的创新驱动发展战略，不断提升煤炭生产、利用技术，推动能源革命的实现。针对成长上限问题，应推动循环经济的发展，将排放的废渣、废气变废为宝大力延伸循环链条，改变制约因素的影响；针对共同悲剧问题，企业应设计调节机制和约束机制进行自我管制，而政府应出台责权划分政策起到政府调控作用；针对舍本逐末问题，应利用去产能、限产争取的时间进行结构调整、转型升级，从根本上解决问题；针对恶性竞争问题，煤炭企业进一步完善自身的价格机制和外部协调机制。然而，通过系统动力学进行煤炭产业绿色低碳发展的研究尚不完善，仍然有很多研究问题尚未解决，首先是将消费者行为列入考虑范围后系统模型的构建及问题解决策略的提出；其次，在国家能源转型新政策背景下，各能源市场之间的冲突和相互作用，市场冲突因素对煤炭产业可持续发展的影响效果以及如何协调冲突的研究。

第六章
煤炭企业绿色低碳发展战略
选择案例分析

本章以西山煤电集团有限责任公司（以下简称西山煤电）为例，首先介绍案例企业的基本情况以及外部产业环境，对其绿色低碳发展状况进行分析。以案例企业的绿色低碳发展战略管理实践系统性验证本书提出的煤炭企业绿色低碳发展战略类型的合理性和实用性，根据案例企业的经营情况找到绿色低碳发展战略的主要影响因素，结合层次分析法、EFE 矩阵、IFE 矩阵、QSPM 等战略管理领域的主流工具，确定最优的绿色低碳发展战略组合，提出绿色低碳发展战略实施的对策建议和保障措施，引导煤炭企业在不损害社会效益和环境效益的前提下创造经济效益，实现各个方面的协同发展。

一、案例企业绿色低碳发展背景

（一）煤炭产业发展背景

山西是中国最重要的煤炭能源基地，是中国的煤炭储量、生产、外调大省，根据《山西省"十三五"煤炭工业发展规划》中的数据，山西全省含煤面积6.2万平方公里，煤炭储备量约为2674.3亿吨，约占全国煤炭储备量的1/4，1949~2015年，山西省的原煤生产量累计达到166亿吨，其中外调110亿吨。山西煤炭产业的发展就像中国煤炭产业发展的一个缩影，具有很强的代表性，故选择以山西的煤炭企业为例。

山西煤炭产业的发展经历了起步、快速发展、下降、缓慢复苏的过程。山西煤炭产业的起步阶段从20世纪50年代开始，这一时期是山西煤矿全面铺开基本建设，稳打基础的阶段，山西省内一些位于大同、长治、晋城的煤矿开始初具规模，对应矿务局组建完成。60年代，山西推广机械化采煤技术，各大煤矿改建、扩建，进一步为煤炭产业的高速发展夯实了基础。80年代，中国实施改革开放战略，山西确立为中国的能源基地，煤炭产业得到了政策的大力支持，采煤设施的机械化、现代化水平得到发展，中小煤矿遍布山西各地。数量众多的中小煤矿在生产技术、生产水平上远远低于大型现代化煤矿，造成煤炭资源严重浪费，煤矿安全水平极低，煤矿安全事故频发。在这一阶段，小煤窑的污染排放远超国家规定指标，生产对环境污染严重，对环境的治理和修复消耗大量资金和人力。

进入 21 世纪以来，山西煤炭产业步入了快速发展阶段，为了有序健康发展山西煤炭产业，山西省政府出台了一些有利于煤炭产业可持续发展的政策，山西省内大面积查封关停非法小煤窑，中小煤矿资源整合，煤矿数量快速下降，进而促进了中、大型煤矿扩大生产规模，中、大型煤矿多数形成规模经济，在一定程度上提高了集约化水平。各大煤炭企业整合小煤矿，形成产业集群，实现技术互通，清洁化生产技术被广泛采用，煤矿管理趋于正规化、集团化，煤矿安全事故降低。同时在这一阶段煤炭资源需求旺盛，但产能投入却相对滞后，煤炭价格上升、利润增加，企业为了争夺利润不断加大生产力度，当受到产能的限制无法增加产量时，又后知后觉地盲目扩大产能。虽然山西煤炭产业经历了"黄金 10 年"的快速发展阶段，但整个产业展现出了一个非理性、非健康的发展状态。

2012 年，煤炭价格进入下降通道，开启了一轮持续下跌的行情，致使煤炭产业步入寒冬。其根本原因是煤炭产能持续扩张和释放，产能过剩愈演愈烈，多数煤炭企业亏损严重。煤炭的价格下降导致每吨煤的盈利降低，加之多数煤炭企业的人力成本和管理费用较高，煤炭企业如正常生产会亏损，如不生产则亏损更加严重，进入了一个难以破解的困境，山西煤炭产业的下降阶段一直持续到 2016 年初。山西煤炭产业随着煤炭价格的止跌，于 2016 年 2 月进入复苏期，煤炭企业业绩开始好转。

（二）案例企业简介

西山煤电是山西焦煤集团的重要子公司之一，成立于1956年，是全国首批循环经济试点单位，注册资本达到92.5亿元，其所属行业为煤炭开采和洗选业，西山煤电是全国最大的炼焦煤生产基地，主要开采西山、河东、霍西三大煤田的煤炭资源，煤田面积789平方公里，资源总量92.1亿吨，有焦煤、肥煤、1/3焦煤、气煤、瘦煤、贫瘦煤等煤种，其中焦煤、肥煤为世界稀缺资源，被誉为世界瑰宝。煤炭产品主要有炼焦精煤、喷吹煤、电精煤、筛混煤、焦炭等，其中炼焦精煤具有中低灰、中低硫、低磷、黏结指数高、结焦性强等多种优点，煤炭产品畅销全国20多个省份，并出口亚欧、南美多国。西山煤电现有21对生产矿井、9座选煤厂，煤炭产能5000万吨以上。

旗下拥有上市企业——西山煤电股份公司（以下简称西山公司），是西山煤电的核心子公司，拥有煤—电—材、煤—焦—化两条循环经济产业链，是中国资源型企业在发展低碳经济方面的排头兵，能够将煤泥、矸石等工业废渣用于发电，西山公司秉持"为企业谋长远、为职工谋福祉"的办企理念，坚持履行社会责任与促进企业改革发展相结合，高度重视企业的可持续发展和综合竞争力的提高，通过深化企业改革，优化布局结构，转变发展方式，实现高质量发展。根据其发展规划，已经完成了快速新井建设阶段、稳步发展阶段，正处于均衡增长的第三阶段，在该阶段将新建兴县蔚汾矿井及配套选煤厂，新增能力1000万吨，战略目标全面实现，规模效益显著增加，企业各项经营指标在结构优化基础上均衡增长，企业核心竞争能力和可持续发展能力全面提升，整个公司全面进入高位发展的历史新时期。

二、战略选择方法

（一）基于 QSPM 的战略选择分析

战略选择是由多个部分组成的综合过程（Pazouki 等，2017），本书通过构建由因素分析、战略分析等步骤组成的战略选择框架，为煤炭企业提供更有效的战略选择理论模型，致力于帮助煤炭企业提高战略选择的科学性，并尝试通过战略选择框架消除在进行战略选择时，决策者个人偏见对于决策的负面影响。

首先利用因素评价矩阵分析关键影响因素。在企业对可行战略进行选择时，对于外部因素和内部因素的梳理和考虑是最为重要的（David 等，2016），通过构建外部因素评价矩阵（External Factor Evaluation，EFE）和内部因素评价矩阵（Internal Factor Evaluation，IFE）分析由机遇和威胁构成的外部因素，以及由优势和劣势构成的内部因素。

基于对优势、劣势的科学分析和正确理解，提出备选战略，使用定量战略计划矩阵（Quantitative Strategic Planning Matrix，QSPM），评估战略吸引力并筛选获得高分的战略，并在此基础上完成战略的最终选择，其过程如图 6 - 1 所示。

（二）数据收集与检验

基于上文对于煤炭企业绿色低碳发展战略选择影响因素的研

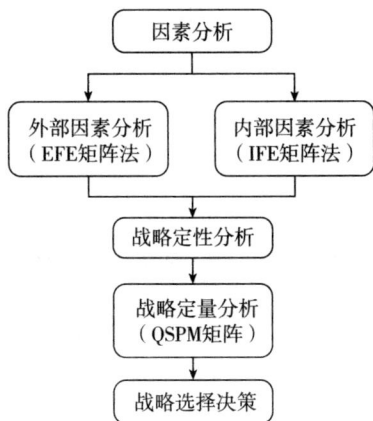

图 6 − 1　战略选择框架

究结果，结合案例企业的经营实际以及企业高层管理者的意见，对扎根研究得到的绿色低碳取向、企业资源与能力、利益相关者压力、市场绿色竞争 4 个方面的影响因素进行筛选，确定外部经济、能源市场需求、政策变化、科技发展、环境恶化、替代能源兴起、市场竞争、资源竞争 8 个外部因素，以及管理经验、产业基础、文化积累、安全水平、清洁技术、清洁利用成本、转型动力、遗留问题 8 个内部因素，根据多位专家意见结合相关文献，将该 16 个因素赋予较为完整的描述，作为对西山煤电的绿色低碳发展战略选择具有重要影响的关键内外部因素进行分析。

对于各个因素重要性的判断，采取专家打分法进行相对比较，由 20 名西山煤电的高、中层管理者组成的专家组在两两判断矩阵中，根据因素的重要性给予分数。为确保数据的代表性和有效性，所有受访对象皆在战略管理职能部门工作，或曾经在战略管理职能部门工作过，其中包含中层管理者以及分管战略管理职能的高层管理者，且相关工作经验不少于 3 年。在研究过程中，对判断矩阵结果进行一致性检验，以再次确保研究结果的准确性。

三、案例企业绿色低碳发展战略选择
影响因素分析

如上文所述，对绿色低碳取向、企业资源与能力、利益相关者压力、市场绿色竞争 4 个方面的影响因素进行筛选，得到 16 个对西山煤电的绿色低碳发展战略选择具有重要影响的关键因素，针对西山煤电的具体情况，这些因素有些是企业的优势，有些是企业的劣势，有些是企业的机会，有些是企业的威胁。

（一）机会分析

1. O_1 外部经济稳步增长，需要建设与国家经济发展相匹配的能源体系

根据中国国家统计局数据（见表 6-1），中国国内生产总值呈现逐年增长的趋势，从 2013 年的 595244.4 亿元增长至 2017 年的 827121.7 亿元，而经济发展往往伴随能源消费的增长以及能源产业的快速发展。

2. O_2 能源市场需求旺盛，为煤炭产业的发展奠定了良好的市场基础

中国的能源消耗保持了长期增长趋势，根据国家统计局官方网站公布的数据显示，国内能源消费总量由 2013 年的 41.69 亿

吨标准煤，以年均增加 1.87% 的速度增长，并于 2017 年达到 44.9 亿吨标准煤。可以看出，能源市场需求旺盛，需求量不断增加。其中，煤炭消费总量基本保持在每年约 27 亿吨标准煤的水平，在中国的能源结构中占主导地位，并且常年保持"一煤独大"的地位，所有其他能源皆作为辅助性能源。不断增长的能源需求为煤炭产业的发展提供良好的机遇。

表 6-1　中国 GDP 统计情况

指标	2017 年	2016 年	2015 年	2014 年	2013 年
国民总收入（亿元）	824828.4	740598.7	686449.6	644791.1	590422.4
国内生产总值（亿元）	827121.7	743585.5	689052.1	643974	595244.4
第一产业增加值（亿元）	65467.6	63672.8	60862.1	58343.5	55329.1
第二产业增加值（亿元）	334622.6	296547.7	282040.3	277571.8	261956.1
第三产业增加值（亿元）	427031.5	383365	346149.7	308058.6	277959.3
人均国内生产总值（元）	59660	53935	50251	47203	43852

资料来源：国家统计局（http://data.stats.gov.cn/easyquery.htm? cn = C01&zb = A0201&sj = 2017）。

3.O_3 能源政策推动煤炭资源的高效清洁利用，倡导优质产能的发挥

由国家发展改革委发布的《能源生产和消费革命战略（2016—2030）》提到，煤炭是中国的主要能源，在现阶段支撑了国民经济的发展，并将长期发挥作用，要着力推动煤炭清洁利用，开展现代煤化工基地的规划布局，做好新增产能与化解过剩产能衔接。国家能源局发布的《煤炭行业"十三五"规划》指出，煤炭产业的转型升级不仅仅是淘汰落后产能，而要改善煤炭产业的结构，提高发展质量，通过先进产能代替落后产能，优化布局，

每年增加先进产能 5 亿吨。国家发展改革委在 2018 年迎峰度夏期间，对于电煤的大量需求，提出为了促进国民经济稳定发展，应加快推进煤炭优质产能的释放，提高能源效率，山西、内蒙古等地区认真落实增加供应的备忘录，增加有效能源供应量，并保障能源供应的安全稳定。

一系列政策体现出了国家在战略高度对于煤炭产业绿色低碳发展和煤炭资源高效清洁利用的支持和推动力度，这不仅是企业行为，而且成为国家能源革命的关键部分，也是对供给侧结构性改革政策的补充。国家政策是确保国家能源安全稳定运行和社会健康发展的重要手段，为煤炭产业的绿色低碳发展创造了良好的机遇。

4. O_4 科技水平显著提高，为煤炭资源的绿色、低碳、高效利用奠定基础

近年来，人类对于科技发展的重视程度不断提高，逐步增加投入，促进科技快速发展，而中国的"科技强国"政策也推动了中国科技总体水平的不断提升，科学技术的发展赋予煤炭产业良好的技术环境，对于煤炭领域专业性技术的进步起到了强力的支撑作用，各类新兴技术正在改善着煤炭产业的传统模式。

（二）威胁分析

1. T_1 生态环境恶化，环保标准和政策要求不断提高

自能源产业兴起以来，世界经济快速发展，但却对生态环境造成了严重的破坏。日益严重的气候变暖、空气污染、水土流失、矿区塌陷、极端天气等一系列环境问题使地球的环境越来越不适宜人类生存。煤炭的大量使用造成了大量粉尘排放至空气中，加之煤的污染排放系数高，煤炭资源的使用已成为中国雾

霾问题的主要原因之一（林伯强和吴微，2018；Huang 等，2014）。而人类也意识到环境问题的严重性，不断提高环境保护要求，污染治理和环保达标为煤炭企业增添了巨额成本，大量煤矿的设备、技术、人员面临被不断提高的标准所淘汰的境况，普通的煤炭产品面临着被优质煤炭产品淘汰的风险，传统煤炭企业经营困难。

2. T_2 替代能源兴起，能源市场格局变迁

天然气、石油以及太阳能等新兴能源的发展在一定程度上替代煤炭的使用，新兴能源普遍具有污染排放相对较低的特点，在国家环保政策的倡导下，新兴能源迎来了良好的发展机遇，高效能源的发展给煤炭能源带来极大的冲击，"西气东输"等一系列大型新兴能源项目为市场提供大量新能源。各能源产业之间的竞争格局越发激烈，面对代替品的发展，存在煤炭产品市场空间被进一步侵蚀的威胁。

3. T_3 煤炭产品市场竞争激烈，产品同质化严重

煤炭产业中的产品多为原煤或初级加工产品，技术含量低，同质化严重，不同煤炭企业的产品缺乏差别和特色，从而引发价格竞争格局的形成，不同煤炭企业提供几乎相同的产品，导致煤炭市场的激烈竞争。

4. T_4 煤炭资源争夺加剧，优质资源的获取难度增加

煤炭资源属于不可再生资源，在地球上的储量有限，而煤炭产业、煤炭企业需要依赖煤炭资源而生存，拥有资源储备才能实现长足稳定发展，在探明的有限煤炭资源中，符合开采标准的优质煤炭资源较为珍贵，大型煤炭企业需要竞争获取优质资源，为日后的可持续发展提供基础原料保障，然而，优质煤炭资源变得越来越难以获得，资源竞争正在加剧。

（三）EFE 矩阵分析

通过层次分析法对于包括机会和威胁的关键外部因素进行赋权。将成功的煤炭企业绿色低碳发展战略作为目标层，将煤炭企业绿色低碳发展的外部机会和外部威胁作为准则层，将具体关键因素作为方案层，构建层次结构模型如图 6-2 所示。

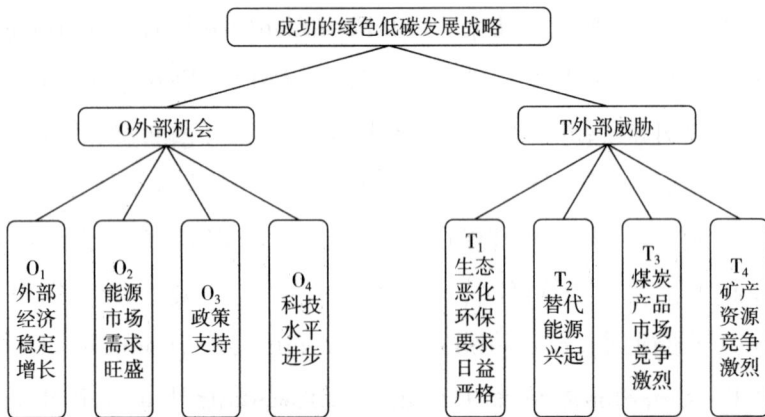

图 6-2　外部因素层次结构模型

构建外部机会判断矩阵和外部威胁判断矩阵，将关键因素进行两两相互比较，以相对尺度进行重要性的衡量。基于判决矩阵在 Excel 中构建层次分析法的矩阵运算模型，计算重要程度，并对排序结果进行一致性检验，确定偏离程度是否可接受，判断矩阵及检验结果如表 6-2 和表 6-3 所示。

通过计算可得，O_1、O_2、O_3、O_4 的特征向量 W 约为 0.44、0.23、0.1、0.23，查询"平均随机一致性指标 RI 取值参考表"，当阶数为 4 时，RI 取 0.89，则 CR = 0.0143 < 0.1，一致性偏离

程度在满意范围内，检验通过。通过计算可得，T_1、T_2、T_3、T_4 的特征向量 W 约为 0.51、0.11、0.11、0.27，CR = 0.0101 < 0.1，一致性偏离程度在满意范围内，检验通过。经专家团讨论，外部机会与外部威胁对于煤炭企业同样重要，权重各为 0.5，进一步确定关键因素对目标层的权重。

表 6 − 2　机会判断矩阵计算模型

关键因素权重及一致性检验											
机会 O 判断矩阵					计算权重		计算最大特征根	一致性检验			
机会	O_1	O_2	O_3	O_4	W	WT	AW	λmax	C. I.	R. I.	C. R.	结果
O_1	1.00	2.00	4	2.0	2	0.439	1.759341	4.038235	0.012745	0.89	0.01432	通过
O_2	0.50	1.00	3	0.8	1.046635	0.229736	0.932422					
O_3	0.25	0.33	1	0.5	0.451801	0.099170	0.401546					
O_4	0.50	1.25	2	1.0	1.057371	0.232093	0.937104					

表 6 − 3　威胁判断矩阵计算模型

关键因素权重及一致性检验											
威胁 T 判断矩阵					计算权重		计算最大特征根	一致性检验			
威胁	T_1	T_2	T_3	T_4	W	WT	AW	λmax	C. I.	R. I.	C. R.	结果
T_1	1.00	4	5	2.00	2.514867	0.510056	2.050040	4.026838	0.008946	0.89	0.010052	通过
T_2	0.25	1	1	0.33	0.537285	0.108970	0.439510					
T_3	0.20	1	1	0.50	0.562341	0.114052	0.458494					
T_4	0.50	3	2	1.00	1.316074	0.266921	1.076964					

在确定每个关键因素权重的基础上，专家团为煤炭企业现有战略对关键外部因素的相对反应程度进行评分。由本次评分与权重相乘得出加权分数。评分结果及 EFE 模型如表 6 − 4 所示。

表6-4　煤炭企业 EFE 矩阵

关键因素		权重	评分	加权分数
外部机遇 O	O_1	0.22	3	0.66
	O_2	0.11	3	0.33
	O_3	0.05	2	0.10
	O_4	0.12	1	0.12
小计				1.21
外部威胁 T	T_1	0.26	3	0.78
	T_2	0.05	2	0.10
	T_3	0.06	1	0.06
	T_4	0.13	1	0.13
小计				1.07
总计				2.28

从计算结果来看，最为关键的外部因素是生态环境恶化，环保要求日益严格；反应程度最高的外部因素是外部经济稳定增长、能源市场需求旺盛、生态环境恶化，环保要求日益严格；权重最大的外部因素是生态环境恶化，环保要求日益严格。煤炭企业发展战略 EFE 评价得分为 2.28，低于平均加权分数 2.5，体现出煤炭企业绿色低碳发展战略对外部环境的利用状况不佳，没有充分抓住外部的机会，未能合理规避外部威胁。

（四）优势分析

1. S_1 管理经验丰富，应对风险能力较强

自国家对新建煤矿的管理加强后，审批更为严格，新诞生的煤炭企业数量稀少，行业内大部分是存续时间较长且规模较大的煤炭企业，这些煤炭企业在经历了煤炭产业快速发展的"黄金十年"以及产能过剩、煤价走低的"寒冬"之后，拥有了丰富的管

理经验和风险防控能力，普遍形成了较为成熟的风险管理体制和应对机制。

2. S_2 产业基础稳固，具有较强的竞争潜力

煤炭企业在快速扩张的过程中，形成了一定程度的规模经济，沿煤炭产业链的纵向一体化延伸使煤炭企业在由生产、运输、销售、使用等环节组成的产业链条上实现了一定程度的纵向覆盖，不断提升综合实力，打下了坚实的产业基础。

3. S_3 煤炭文化底蕴深厚，文化资源丰富

老煤矿作为中国经济发展的阶段性产物，支撑了一个时代的发展和进步，是人类工业发展史上浓重的一笔，留下大量珍贵的工业遗存，历史文化底蕴深厚，被赋予了丰富的文化价值，如果进行二次开发利用，则具备经济价值。

4. S_4 安全水平较高，运营体制完善

煤炭企业从20世纪八九十年代矿难频发的不良状况到如今接近零事故的高水平安全运行，不断改善安全管理体制，借助科技进步提升安全管理技术，通过对以往事故教训的吸取，经验的积累，处理了大量危险源和安全漏洞，形成更为完善、有效、灵活的安全机制，安全水平较高，为企业的稳定运营打下了良好的基础。

（五）劣势分析

1. W_1 煤炭利用技术落后，利用效率和清洁程度低

经过多年的发展，中国地下煤矿的采煤和挖掘机械化程度分别达到76%、56%左右，大中型煤矿的机械化水平已经较高，但是小型煤矿仍未实现机械化开采（王金华等，2018）。根据《煤炭工业发展"十三五"规划》分析，中国煤炭生产效率仍处在较低水平，人均工效与国际水平距离较大，技术装备落后、产能

低、管理混乱的煤矿仍然存在，还有6500多处年产30万吨及以下的小煤矿。

在煤炭生产的环保标准不断提高的情况下，煤炭资源的清洁利用技术仍处于相对落后水平，难以满足绿色低碳发展的要求。根据国家能源局印发的《煤炭清洁高效利用行动计划（2016—2020）》，到2020年，煤矸石综合利用率不低于80%，煤矿瓦斯抽采率不低于60%。水资源短缺矿区的矿井水或露天矿矿坑水利用率不低于95%，对于一般水资源矿区、水资源丰富矿区则分别不低于80%、75%，然而以目前的清洁利用技术难以达到最低标准。二氧化碳捕捉技术的不成熟同样受到大量关注，在全球气候不断变暖的严峻形势下，中国煤电企业燃烧煤炭时产生大量的二氧化碳，然而，二氧化碳的捕捉和回收效率极低，导致较大一部分二氧化碳排放至空气中。

2. W_2 煤炭资源的清洁利用政策实施成本高，难以落实到位，特别是煤炭企业基层机构的运营成本增加

自煤炭清洁利用政策实施以来，其效果一直不佳，许多煤炭企业仍然以传统大量耗能的模式进行生产。根据孔繁晔（2017）构建的煤炭清洁利用效用函数得出，清洁利用给煤炭企业总部带来的效用为正，而给煤炭企业基层机构带来的效用为负，基层机构越推行煤炭清洁利用政策，其损失越大，最终造成消极执行清洁利用政策的结果。

3. W_3 绿色低碳转型动力弱，资金支撑不足

在人们的刻板印象中，绿色低碳发展更容易被认为是一种政府行为，而非企业经济活动，企业往往以经济利益为优先考虑因素，对于社会责任的承担一般基于维持企业生存发展的前提下。而在如今煤炭企业负债率过高、资金流紧张的情况下，绿色低碳转型所需

的大量资金缺少低成本的来源，绿色低碳发展的资金支撑不足。

根据《中国煤炭工业发展报告 2017》中的数据显示，在煤炭产业"黄金十年"阶段，产业整体负债稳定在 60% 左右；随着 2012 年煤价下跌、煤炭市场利润水平下滑，煤炭企业负债率达到 70% 左右；截至 2016 年底，半数上市煤企的资产负债率达到 60% 以上（岳福斌，2017）。自 2016 年以来，煤炭产业积极响应"去产能"号召，快速实现"去产能"目标，然而在"去产能"过程中，由于没有合理地处理债务问题，导致产能下降但杠杆率升高，引起煤炭资源利用成本过高，在很大程度上降低了煤炭资源综合利用的经济性，绿色低碳转型方面的投资将进一步加剧煤炭企业的资金问题。在中国银监会印发了《绿色信贷指引》后，融资条件更为严格，煤炭企业融资难度加大，资金成本提高。

4. W_4 历史遗留问题多，转型发展包袱重

自 2013 年国务院发布《关于化解产能严重过剩矛盾的指导意见》以来，各省一直努力推动煤炭、钢铁等产能过剩行业的化解产能工作。2016 年，国务院发布的《关于煤炭行业化解过剩产能实现脱困发展的意见》中明确指出，在 3～5 年，煤炭产业将再退出产能约 50000 万吨。

煤炭产业成为落实"去产能"政策的重点，各大煤炭企业陆续关停部分煤矿，特别是机械化水平低，人工成本高，人员数量多的落后产能煤矿被大范围关停，而大量的煤炭企业员工失去原有生产岗位，该部分员工普遍具有学历低、年龄大、技能单一等特点，存在不具备新岗位所需技能和知识的问题，难以在短时间内妥善安置，对煤炭企业造成了高居不下的人员费用和严峻的人员安置问题；被关停煤矿中的大型生产设备虽已停产，但仍然继续折旧，持续损失价值；被关停煤矿仍然需要进行安全管理，造

成一定的管理成本。无论从人员、资产、资金方面来看，煤炭企业的绿色低碳发展都具有较多的遗留问题，转型包袱重。

（六）IFE 矩阵分析

通过层次分析法对于包括优势和劣势的关键内部因素进行赋权。将成功的煤炭企业绿色低碳发展战略作为目标层，将煤炭企业绿色低碳发展的内部优势和内部劣势作为准则层，将各个具体关键因素作为方案层，构建层次结构模型如图6－3所示。

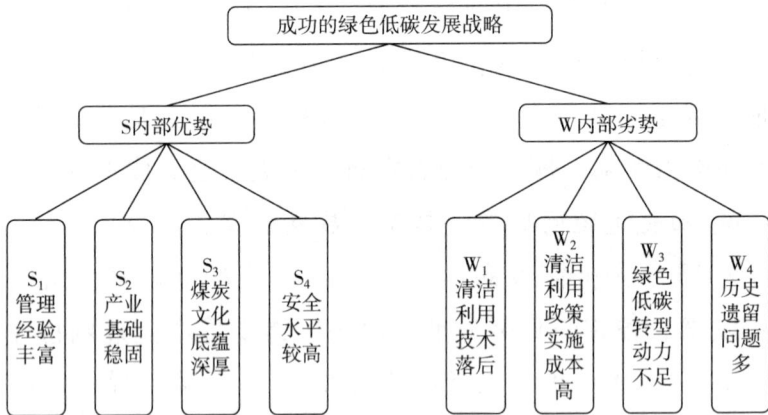

图6－3　内部因素层次结构模型

构建内部优势判断矩阵和内部劣势判断矩阵，将关键因素进行两两相互比较，以相对尺度进行重要性的衡量。基于判断矩阵在 Excel 中构建层次分析法的矩阵运算模型，计算重要程度，并对排序结果进行一致性检验，确定偏离程度是否可接受，判断矩阵及检验结果如表6－5和表6－6所示。

通过计算可得，S_1、S_2、S_3、S_4的特征向量 W 约为 0.1、0.16、0.4、0.34，CR ＝ 0.0012 ＜ 0.1，一致性偏离程度在满意范围内，检验通过。通过计算可得，W_1、W_2、W_3、W_4的特征向

表 6 - 5 优势判断矩阵计算模型

关键因素权重及一致性检验											
优势 S 判断矩阵					计算权重		计算最大特征根	一致性检验			
优势	S_1	S_2	S_3	S_4	W	WT	AW	λmax	C.I.	R.I.	C.R.	结果
S_1	1	0.5	0.25	0.33	0.451801	0.097414	0.392140	4.030977	0.010326	0.89	0.011602	通过
S_2	2	1.0	0.33	0.50	0.759836	0.163831	0.661153					
S_3	4	3	1.00	1.00	1.861210	0.401302	1.619905					
S_4	3	2	1.00	1.00	1.565085	0.337453	1.358659					

表 6 - 6 劣势判断矩阵计算模型

关键因素权重及一致性检验											
劣势 W 判断矩阵					计算权重		计算最大特征根	一致性检验			
劣势	W_1	W_2	W_3	W_4	$\overline{W}$	WT	AW	λmax	C.I.	R.I.	C.R.	结果
W_1	1.00	0.500	2.0	3	1.316074	0.251566	1.010079	4.010356	0.003452	0.89	0.003879	通过
W_2	2.00	1.000	4.0	8	2.828427	0.540651	2.165400					
W_3	0.50	0.250	1.0	2	0.707107	0.135163	0.541350					
W_4	0.33	0.125	0.5	1	0.379918	0.072621	0.291639					

量 W 约为 0.25、0.54、0.14、0.07，CR = 0.0039 < 0.1，一致性偏离程度在满意范围内，检验通过。经专家团讨论，内部优势与内部劣势对于煤炭企业同样重要，权重各为 0.5，进一步确定关键因素对目标层权重。

在确定每个关键因素权重的基础上，专家团为煤炭企业现有战略对关键内部因素的相对反应程度进行评分。由本次评分与权重相乘得出加权分数。评分结果及 IFE 模型如表 6 - 7 所示。

从计算结果来看，最关键的内部因素是清洁利用政策实施成本高，难以落实到位；反应程度最高的内部因素是产业基础稳固、清洁利用技术落后；权重最大的内部因素是清洁利用政策实施成本高，难以落实到位。煤炭企业发展战略 IFE 评价得分为 1.96，远低于平均加权分数 2.5，表明煤炭企业绿色低碳发展战略对内部条件的发挥状况不佳，对内部优势的利用不充分，对于自身劣势没有科学地认识和弥补。

表 6-7　煤炭企业 IFE 矩阵

关键因素		权重	评分	加权分数
内部优势 S	S_1	0.05	2	0.10
	S_2	0.08	3	0.24
	S_3	0.20	1	0.20
	S_4	0.17	2	0.34
小计				0.88
内部劣势 W	W_1	0.13	3	0.39
	W_2	0.27	2	0.54
	W_3	0.07	1	0.07
	W_4	0.04	2	0.08
小计				1.08
总计				1.96

四、备选战略提出和分析

（一）备选战略提出

在 EFE 矩阵和 IFE 矩阵基础上，对绿色低碳取向、企业资源与能力、利益相关者压力、市场绿色竞争 4 个方面的 16 个内外部因素进行了重要性的判断，进一步剖析煤炭企业在绿色低碳发展中所具备的基本条件和面临的外部环境，结合上文形成的反应性绿色低碳发展战略、合作性绿色低碳发展战略、前瞻性绿色低碳发展战略、适应性绿色低碳发展战略4个绿色低碳发展战略的类型，以把握外部机会、规避外部威胁、发挥自身优势、弥补自身劣势为原则，构建由8个绿色低碳发展战略构成的备选战略矩阵（见表6-8）。

表6-8　备选战略矩阵

	前瞻性绿色低碳发展战略	合作性绿色低碳发展战略
备选战略	1. 坚持创新驱动发展，着力推动绿色低碳技术的创新，形成自身的技术竞争力并为整个产业技术水平和设备研发能力的提升起到推动作用（A战略） 2. 利用大数据提升企业效率，将各方数据进一步集中加以分析和利用，为企业的经营管理提供科学的依据和支撑，将现代信息技术与传统煤炭产业进一步融合，减少资源浪费和能源的消耗，推动企业低碳化发展（B战略）	1. 借助高层次人才引进相关鼓励政策，加大高级管理人才、高级专业技术人才的引进力度，拓宽人才引进渠道，与高等院校建立校企合作机制，形成企业人才竞争力（C战略） 2. 进行产业多元化布局，积极寻求与金融等相关领域中的合作机会，借助合作方的资源发展多元产业，降低对于煤炭资源的依赖程度（D战略）
	适应性绿色低碳发展战略	反应性绿色低碳发展战略
	1. 将绿色理念融入营销各个环节，实施煤炭产品的绿色定价，将绿色低碳成本纳入定价范围，建立绿色营销渠道，降低营销的资源消耗，加强绿色促销，拓展煤炭市场，增加煤炭销量（E战略） 2. 集中优势资源推动煤炭主业的绿色低碳发展，增加投入提升主业规模和质量，加强生产管理，着力开发优质煤炭资源，保证煤炭产品品质，减少煤炭利用带来的污染排放（F战略）	1. 稳步淘汰落后产能，降低总体规模，提升优质产能占比，优化产能结构，提升企业整体生产效率和低碳生产水平（G战略） 2. 优化企业人员配置，加大现有员工的培养力度，提升员工整体素质，通过培训再上岗的方式安置"去产能"遗留的下岗职工，减轻企业包袱，减少人力资源的浪费（H战略）

1. 前瞻性绿色低碳发展战略

坚持创新驱动发展，推进产业技术升级。绿色低碳是整个社会的发展趋势，更是煤炭产业的发展趋势，把握这一发展趋势，着力推动绿色低碳技术的创新，特别是在煤炭清洁利用、煤层气综合利用、二氧化碳捕捉、煤炭伴生资源利用等前沿问题以及随产业发展诞生的新问题上加大科技研发投入力度，通过原始创新、继承创新、引进消化吸收再创新相结合的方式，创造能够支撑煤炭产业由高碳向低碳转型的新技术和工艺，形成自身的技术竞争力并为整个产业技术水平和设备研发能力的提升起到推动作用，以应对不断提高的环境保护标准和日益增长的绿色发展要求。

利用大数据提升企业效率，促进企业转型升级。基于企业良好的信息化基础实施大数据战略，将安全、生产、销售、运输、财务、煤炭资源、人力资源等各个方面的数据进一步集中加以分析和利用，为企业的经营管理提供科学的依据和支撑，彻底解决企业管理中存在的主观臆断问题，通过大数据提升企业管理竞争力，将现代信息技术与传统煤炭产业进一步融合，减少资源浪费和能源的消耗，推动企业低碳化发展。与各煤炭交易中心形成合作，实现数据的集成和共享，打造煤炭产业大数据平台，制定数据管理规范以及数据服务体现标准，引领大数据在煤炭产业的应用与发展。

2. 合作性绿色低碳发展战略

借助高层次人才引进相关鼓励政策，加大高级管理人才、高级专业技术人才的引进力度，提升高层次人才占比，形成企业人才竞争力，拓宽人才引进渠道，创造高层次人才发展成长环境，与高等院校建立校企合作机制，实现人才的交流与互培；基于原有发展基础，进行产业多元化布局，积极寻求与金融等相关领域中的合作机会，借助合作方的资源发展多元产业，降低对于煤炭资源的依赖程度。

3. 适应性绿色低碳发展战略

将绿色理念融入营销各个环节，实施煤炭产品的绿色定价，将绿色低碳成本纳入定价范围，建立绿色营销渠道，降低营销的资源消耗，加强绿色促销，拓展煤炭市场，增加煤炭销量；集中优势资源推动煤炭主业的绿色低碳发展，增加投入提升主业规模和质量，加强生产管理，着力开发优质煤炭资源，保证煤炭产品品质，减少煤炭利用带来的污染排放。

4. 反应性绿色低碳发展战略

稳步淘汰落后产能，降低总体规模，提升优质产能占比，优化产能结构，提升企业整体生产效率和低碳生产水平，在稳规模的同时，提质量；优化企业人员配置，加大现有员工的培养力度，提升员工整体素质，通过培训再上岗的方式安置"去产能"遗留的下岗职工，减轻企业包袱，减少人力资源的浪费。

（二）备选战略分析

基于 IEF 矩阵和 EFE 矩阵的因素分析解释了影响煤炭企业绿色低碳发展战略选择的主要方面以及内外部条件的关键特征，形成了不同的战略组合。然而，因素分析只是单纯的定性分析，缺乏数据支撑，分析结果过于概括，准确性较低，难以进一步揭示科学的战略定位和精准的战略方向。定性分析形成潜在的备选战略还需通过定量方法进行科学的评价、考核、论证，从而做出战略决策（Allahyari 等，2017）。

根据定性分析情况，应用 EFE、IFE 等分析结果，构建 QSPM 分析矩阵，由前文确定的专家组对各要素的吸引力分数进行赋值，如表 6-9 所示。

表6-9　QSPM分析矩阵

关键因素		权重	A战略		B战略		C战略		D战略		E战略		F战略		G战略		H战略	
			AS	TAS	AS	TAS	AS	TAS	AS	TAS	AS	TAS	AS	TAS	AS	TAS	AS	TAS
机会	O_1	0.22	3	0.66	3	0.66	2	0.44	4	0.88	3	0.66	2	0.44	3	0.66	3	0.66
	O_2	0.11	2	0.22	3	0.33	3	0.33	1	0.11	4	0.44	3	0.33	2	0.22	2	0.22
	O_3	0.05	4	0.20	3	0.15	4	0.20	2	0.10	2	0.10	3	0.15	3	0.15	3	0.15
	O_4	0.12	3	0.36	4	0.48	2	0.24	2	0.24	2	0.24	2	0.24	3	0.36	2	0.24
威胁	T_1	0.26	4	1.04	3	0.78	2	0.52	3	0.78	2	0.52	3	0.78	3	0.78	2	0.52
	T_2	0.05	2	0.10	2	0.10	1	0.05	3	0.15	3	0.15	2	0.10	3	0.15	2	0.10
	T_3	0.06	2	0.12	2	0.12	2	0.12	3	0.18	3	0.18	2	0.12	3	0.18	3	0.18
	T_4	0.13	1	0.13	2	0.26	1	0.13	3	0.39	2	0.26	1	0.13	4	0.52	2	0.26
优势	S_1	0.05	3	0.15	3	0.15	2	0.1	3	0.15	2	0.1	3	0.15	3	0.15	3	0.15
	S_2	0.08	3	0.24	4	0.32	3	0.24	3	0.24	3	0.24	3	0.24	3	0.24	2	0.16
	S_3	0.20	1	0.20	1	0.20	2	0.40	2	0.40	2	0.40	1	0.20	2	0.40	2	0.40
	S_4	0.17	2	0.34	2	0.34	2	0.34	1	0.17	3	0.51	2	0.34	3	0.51	1	0.17
劣势	W_1	0.13	3	0.39	2	0.26	3	0.39	3	0.39	2	0.26	2	0.26	3	0.39	2	0.26
	W_2	0.27	3	0.81	1	0.27	1	0.27	2	0.54	3	0.81	1	0.27	2	0.54	2	0.54
	W_3	0.07	2	0.14	3	0.21	3	0.21	2	0.14	3	0.21	2	0.14	3	0.21	3	0.21
	W_4	0.04	2	0.08	3	0.12	4	0.16	3	0.12	3	0.12	3	0.12	1	0.04	4	0.16
总计				5.18		4.75		4.14		4.98		5.20		4.01		5.50		4.38

战略备选方案

可以看出，评分较高的前三项战略是 G 战略、E 战略、A 战略，且都高于 5 分，确立为重要战略。

五、案例企业绿色低碳发展战略选择和实施对策建议

实现绿色低碳转型是现代煤炭企业进一步发展的必经之路，现阶段，西山煤电面临着落后产能过剩、负债严重、污染排放严重等一系列问题，而随着中国经济由高速增长阶段转向高质量发展阶段，人民日益增长的美好生活需要对煤炭产业发展提出更高的要求，西山煤电必须要走高效、清洁、安全的绿色低碳发展道路，坚定不移地贯彻党的十九大报告提出的"创新、协调、绿色、开放、共享"发展理念。发展战略的制定和选择对于绿色低碳这一目标的实现至关重要，西山煤电要适应经济新常态，则要以更为科学、系统、完善的方法进行战略选择。

（一）战略选择

本章通过构建 EFE、IFE 矩阵，进行煤炭企业绿色低碳发展战略选择的关键战略要素的评价，剖析了以西山煤电为例的煤炭企业所面临的态势，基于层次分析法对机会、威胁、优势、劣势进行了系统的梳理和分析，并提出备选战略。使用 QSPM 模型对备选战略进行定量分析，确定所选择的重要战略，完成战略选择决策，弥补了定性分析的不足。所确定的重要战略包括：一是优

化产能战略，稳步淘汰落后产能，降低总体规模，提升优质产能占比，优化产能结构，提升企业整体生产效率和低碳生产水平，在稳规模的同时提质量。二是绿色营销战略，将绿色理念融入营销各个环节，实施煤炭产品的绿色定价，将绿色低碳成本纳入定价范围，建立绿色营销渠道，降低营销的资源消耗，加强绿色促销，拓展煤炭市场，增加煤炭销量。三是绿色创新战略，坚持创新驱动发展，着力推动绿色低碳技术的创新，通过原始创新、继承创新、引进消化吸收再创新相结合的方式，创造能够支撑煤炭产业由高碳向低碳转型的新技术和工艺，形成自身的技术竞争力并为整个产业技术水平和设备研发能力的提升起到推动作用。

所确定的战略组合中，涉及前瞻性绿色低碳发展战略、适应性绿色低碳发展战略、反应性绿色低碳发展战略3类绿色低碳发展战略，它们之间相辅相成，起到相互支撑的作用，而不是非此即彼的关系，单一绿色低碳发展战略难以产生良好的效果，战略组合则能够更加科学、全面地推动煤炭企业的绿色低碳发展，所以，对于战略的选择不是单一战略选择，而是战略组合的选择。

（二）案例企业实施绿色低碳发展战略对策建议

西山煤电作为具有代表性和典型性的大型煤炭企业，通过对其进行的案例分析可以发现，煤炭企业的绿色低碳发展首先要树立起绿色价值观。煤炭企业的战略决策受到企业管理者价值观和理念的影响，要在管理者中树立企业绿色低碳发展战略性价值观，让企业的决策集团意识到绿色低碳行为的必要性，才能真正将企业的绿色低碳行为视为是一种机遇，而非增加成本的负担，从而将绿色理念真正融入企业战略中，在整个价值链环节形成企业绿色文化，是成功实施绿色低碳发展战略的基础和保障，特别是绿色营销战略和绿色创新战略的实施，需要足够的绿色理念作为支撑，才能够产生良好效果，并打造绿色竞争优势，实现企业的绿色低碳发展。

其次，完善人才管理体制，配套高层次人才引进后的管理办法。企业的绿色低碳发展对人才提出了更高的要求，要使高层次人才发挥作用，就要在人才引进后的管理、培养、交流等方面设立完善的配套制度，与高等院校和科研机构建立人才互相培养、交流的机制，为高层次人才提供自我提升和学习的机会，制定人才流动办法，为人才的晋升打开通道，为人才的退出设立相应办法，在最大程度上保障企业绿色低碳发展战略的实施有足够的人力资源保障，特别是应加强对于实施绿色创新战略所需的专业技术人才、实施绿色营销战略所需的市场化选聘人才的引进和管理，这两类人才既是企业最缺少的，也是最需要的。

另外，要将对绿色创新行为的鼓励落实在企业管理的各个层面，加大执行和落实力度，以绿色创新驱动企业发展。在制度层面激励绿色创新行为，在战略上重视绿色创新行为，在运营中支持绿色创新行为，依靠绿色技术创新提升煤炭资源的清洁开采和高效利用，依靠管理创新提升绿色管理水平，转换煤炭企业发展动能，由传统的规模扩张、资源占有、政策扶持的发展模式，转变为绿色创新驱动的绿色低碳发展模式。

本章首先介绍了案例企业的基本情况以及外部产业环境，对案例企业的绿色低碳发展状况进行分析。其次，阐述了战略选择方法以及数据的收集和检验。之后，基于对案例企业实际情况的分析，明确了案例企业绿色低碳发展战略选择的主要影响因素，并在此基础上提出了备选战略，结合层次分析法、EFE 矩阵、IFE 矩阵、QSPM 等战略管理领域的主流工具，确定了案例企业的最优绿色低碳发展战略组合。最后，提出了绿色低碳发展战略实施的对策建议和保障措施，煤炭企业应树立起绿色价值观、完善人才管理体制、鼓励绿色创新行为。

第七章
基于 LMDI 因素分解法的山西煤炭企业绿色低碳发展策略分析

改革开放政策的实施，在使中国政治、文化等各方面在与世界各国之间进行碰撞和交流的同时，更使中国的经济得到了飞速发展；但在前期发展过程中由于过于强调发展速度采取了粗放型的发展方式，因而逐渐出现了许多社会和环境问题。直到进入21世纪，全国大范围内的雾霾问题和气候变暖问题，才使人们逐渐意识到只有低碳发展才能增强中国经济的可持续性。由此，低碳发展成为政界、商界和专家学者讨论和研究的焦点；全国各个省区市积极响应国家号召，开始着手促进地区的低碳发展，其中最为典型的当属煤炭大省——山西。

经济新常态下，绿色、循环、可持续的发展理念深入人心，使山西这一以煤炭资源为经济发展支撑的省份陷入了困境。长期以来，山西高能耗的粗放型经济发展模式带来了生态环境赤字问题，使山西经济的长远发展面临着较大挑战；但是，煤炭"黄金十年"过后，煤炭资源仍然是支撑山西经济发展的重要资源，在山西现在和未来的发展中仍占据重要地位。所以，加快转变发展方式，实现低碳转型，可以使山西经济占领新的制高点，也可以助力中国节能减排目标的实现。

本章在对山西煤炭企业绿色低碳发展的现状从优势、劣势两个层面进行全面剖析的基础上，选取了山西煤炭企业碳排放影响因素，借助 LMDI 因素分解法揭示了这些因素对山西煤炭企业绿色低碳发展的正向或负向作用；在因素分解的结果上，从内部和外部角度分别提出了推进山西煤炭企业绿色低碳发展的应对策略。

一、煤炭企业碳排放影响因素
相关研究现状及理论基础

（一）煤炭企业碳排放影响因素相关研究现状

1. 低碳国家研究

英国是一个能源自给率较低的国家，基于这一现实条件，其在 2003 年率先提出了"低碳经济"的概念，以实现低碳减排的目标、在欧盟或者全球范围内构建竞争性市场以保证英国能源供给的安全性和稳定性、以合理的价格保障每个家庭的能源需求。此后，国外的学者率先开始了对低碳发展模式的研究和探讨，并取得了丰硕的研究成果。

Ang（2003）借助 LMDI 因素分解法，对 1990～2000 年加拿大的有关数据进行统计分析得出经济结构、能源利用率是影响加拿大这 10 年二氧化碳排放量的主要影响因素。Lantz 和 Feng

（2006）通过对加拿大 1970～2000 年的大量数据进行更加深入的分析后提出，人均 GDP 与二氧化碳排放不相关、而人口和技术对二氧化碳排放量的相对关系因时期不同呈现不同特征。

Bhattacharyya（2004）对收集到的 1981 年后 20 年泰国的有关消费数据进行定量研究后指出：影响泰国二氧化碳排放量的主要因素是能源强度；相应地，提高清洁能源占比，转变能源消费结构是有效降低碳排放强度的针对性措施。

Johnston（2005）对英国的研究指出：在执行现有低碳发展政策的同时，逐渐增加可再生能源的研发投入，截至 2050 年实现较 1990 年二氧化碳排放量降低 80% 具有可行性。Treffers（2005）等对德国的研究表明，通过采取相关政策措施可以缓和经济增长和二氧化碳排放量之间的冲突，从而实现上述相同目标。

Ferdinand V（2010）等在 Soytas 等（2007）对美国的研究结果上，增加了考虑因素后得出：人口、人均 GDP、能源碳排放量、能源结构是影响碳排放的重要因素。

Halicioglu（2009）对土耳其 1960～2005 年的相关数据的研究表明：人均收入是影响期间土耳其二氧化碳排放量的最为关键的因素。

Shimada 等（2007）和 Nader（2009）分别提出了适合日本滋贺地区和玛斯达尔城的低碳发展模式。

2. 碳排放的影响因素

国外学者对碳排放影响因素的研究经历了一个逐步发展的过程，其中人口结构、地区 GDP、技术水平、碳排放强度、单位 GDP 能耗、产业结构是主要影响因素，具体梳理如下：Ramanathan（2006）借助数据包络模型，以曲线图的形式形象地展示出能源消耗量对碳排放量的影响。Kawase 等（2006）和 Dalton

等（2008）的研究分别表明，碳排放强度和单位 GDP 能耗、人口结构也是影响碳排放的重要因素。

Runal（2007）的研究指出，技术水平对碳排放量的降低作用通过提高能源利用效率的方式来实现。此外，Granovskii（2009）则提出提高清洁能源占比也是降低二氧化碳排放量的重要因素。

Fan 等（2006）的研究指出：除人口规模、技术水平和经济发展水平是造成不同发展水平的国家的碳排放量不同的因素外，国际贸易的发展状况也是导致不同国家发展水平有差异的一大因素。Puliafito 等（2008）和 Dalton 等（2008）的研究结论均指出，GDP、人口规模、人口结构以及能源消耗是影响二氧化碳排放量的重要影响。

在前述研究成果的基础上，影响碳排放量的主要因素是人口数量、人均收入、产业结构、单位 GDP 能耗（Richar，2013）。

国内学者对影响碳排放的因素的研究非常具有针对性，符合中国的国情和现状；研究成果表明，影响二氧化碳排放量的因素有：GDP、人均 GDP、人口规模、产业结构、能源结构等。

宋涛等（2007）、杜立民（2010）分别对中国和各省碳排放影响因素的分析中均指出人均 GDP 对人均二氧化碳排放量的影响呈先上升后下降的倒 U 形关系。王锋等（2010）的研究则指出：影响中国二氧化碳排放量的最大因素就是人均 GDP，而温景光（2010）采用 Divisia 因素分解法对江苏二氧化碳排放量进行因素分解的结果表明，人均 GDP 是促进碳排放不断增加的关键因素。朱勤等（2010）对人口规模、技术水平及消费对二氧化碳排放量间的关系的研究结果表明，人均消费和能源强度分别是影响碳排放量的最大和最小的因素。

胡初枝等（2008）、孙建卫等（2010）分别在平均分配余量分解法和因素分解法的基础上，通过研究指出中国碳排放的影响因素为经济规模、产业结构和技术水平。岳超等（2010）以省区市为研究范围的研究结果支持上述结论。

随着研究的不断深入，国内学者对影响碳排放的因素的研究逐步完善，列举部分研究成果如下：陈英姿和李雨潼（2009）在前述影响因素的基础上增加了能源消费结构因素。林伯强和刘希颖（2010）对 Kaya 恒等式进行了改进，将城市化水平引入其中，通过数据处理发现，能源强度和碳排放强度是决定二氧化碳排放量的最大因素。

陈万龙和侯军岐（2010）以中国能源消费的二氧化碳排放量为对象的研究结论表明，能源强度比能源消费结构对碳排放的弹性更大。王凌黎等（2010）在改进的 Kaya 模型的基础上提出经济发展状况、能源结构、能源使用效率及资源禀赋会影响二氧化碳的排放量。

综上可知，碳排放受经济发展水平、技术水平、能源结构、产业结构等因素的影响及制约（蒋金荷，2011；贾林娟，2014）。

3. 低碳发展对策

为使对相关低碳发展对策的列示更具条理性，本书在对相关学者的文献进行阅读和分析的基础上，整理绘制出表 7-1。

通过上述梳理可以看出，国外各个学者对低碳发展的研究大多停留在国家层面，缺乏对地区低碳发展的研究成果，且对对策的研究都较为独立，没有形成全面的体系，但都分别从各个角度和层面提出了不同但具有借鉴意义的发展对策。对碳排放影响因素的研究成果颇多且涉及众多方面，可以为本书研究因素的选取提供参考。

表 7 - 1 国外学者对低碳发展对策的研究

作者	低碳经济发展对策
ShukIa（2008）	采用可持续发展模式以及与其他模式的综合运用是减少二氧化碳排放量的有效措施；此外，采用碳税和减少碳交易可以从短期和长期两个层面减少碳排放
Omer（2008）	建立可再生能源市场体系、研发低碳技术可助力节能减排目标的实现
Sentence（2009）	推广使用低碳交通设施是减少二氧化碳排放量比较务实的可用措施
Levy（2010）	通过使用碳捕获技术以提高能源利用率、发展碳金融以降低碳足迹属于低碳发展的范畴，可以有效降低温室气体排放
Nakataelt（2010）	开发替代能源或新能源是降低碳排放的手段

经过多年的经验总结和研究，国内学者有关低碳发展对策的研究成果颇多。本书在对相关文献进行阅读和分析的基础上，总结梳理出了以下几个方面的发展对策及每个方面具有代表性的学者，以防止重复罗列的繁杂，具体如表 7 - 2 所示。

表 7 - 2 国内学者对低碳发展对策的研究

作者	低碳发展对策
庄贵阳（2005）、何建坤和赤明山（2009）、刘传江（2010）	加大技术创新力度，提高能源利用率，开发清洁能源以改善能源结构是降低碳排放，实现低碳经济的有效路径
胡兆光（2009）	调整能源使用方式、改善能源的消费结构、提高资源利用效率等可以减少二氧化碳的排放量，实现节能减排的目标
郭朝先（2010）、李艳等（2010）	降低碳排放强度可以减少碳排放，而经济的增长必然带来碳排放的增加
刘海滨和郭正权（2010）、杨芳（2010）	开发低碳技术是实现低碳发展的路径之一
赵贺春和刘丽娜（2012）、李文峰（2013）	低碳发展要从提高自主研发力度、调整产业结构、优化能源结构等方面入手

作者	低碳发展对策
赵国浩等（2012）	在对山西 1995～2010 年相关数据处理的结果之上提出采取"以煤为基、循环高端、多元发展"的路径，可推动山西经济低碳转型目标的实现
姚俊鲜和梁丽萍（2016）	基于低碳发展下政府与煤炭企业的演化博弈模型的研究指出：政府的碳排放奖惩力度和监管成本，煤炭企业低碳转型成本和低碳收益都会对演化博弈结果产生影响
崔宁（2017）	低碳发展需要从优化能源结构、发展低碳技术等方面入手，也要贯彻低碳发展战略理念，从意识层面强调低碳发展的重要性

通过梳理可以看出，国内外学者对低碳化发展的研究范围大多停留在国家层面，没有更具针对性地聚焦在某个地区或行业；所提出的一些低碳化发展策略也都"各自为政"，较为分散地从不同角度和层面提出，并没有形成全面的系统，这为本书的研究提供了方向。但是国内外学者对有关碳排放影响因素的研究都经历了循序渐进的过程，均较为完善地提出了影响碳排放的重要因素，这可为本书的研究提供借鉴。

4. 低碳经济概念

国内专家学者对"低碳经济"的研究成果并未受接触时间短而有所减少，国内学者的研究成果如表 7-3 所示。

表 7-3　国内学者对低碳经济概念的研究

作者	观点
付允等（2008）	低碳经济是寻求经济发展和减少有害气体排放间的均衡
郎春雷（2009）	低碳发展模式是一种以"三低三高"为根本目标的发展模式
庄贵阳等（2011）	低碳经济具有低碳排放、高碳生产力、阶段性三个核心特征

续表

作者	观点
张平和杜鹏（2011）	低碳经济是以实现"三低"、提高资源利用率为短期和长期目标的发展模式
牛文元（2009）、贺庆棠（2009）、冯之浚等（2009）、袁男优（2010）	低碳经济是涉及技术、产业和生活的低碳等的全新发展模式

（二）煤炭企业碳排放影响因素研究理论基础

1. 可持续发展理论

20 世纪中后叶，能源危机的出现及环境污染的加重使人们不再只盲目追求经济的飞速增长，如何实现经济持续、长远的发展成为人们的关注点。1972 年罗马俱乐部发布的名为《增长的极限》的报告，引发了人们关于发展模式的大争论。1992 年联合国大会上提出的《21 世纪议程》明确指出，人类应当与自然和谐相处，在向自然索取发展所需的资源的同时，也要注重对自然的反哺与馈赠；除此之外，议程还呼吁在全球范围内开展有关可持续发展的实践，不要让有关研究成果仅停留在理论层面。这一议程也使可持续发展理论得到世界的认可。

面对世界范围内对可持续发展模式的呼吁及自身经济发展的需求，1994 年中国根据自身的经济发展水平和阶段，考虑到长远发展的需要，提出了切合自身现状的《中国 21 世纪议程》。该议程的提出表明：可持续发展战略已是中国的国家战略；在发展的同时，要保证生态良好和环境健康，由此实现发展的代际公平和可持续性。

2. 循环经济理论

（1）循环经济理论的发展历程。经过多年工业化的快速发展，生态破坏问题逐步浮出水面，人们开始寻求新的、可持续的发展模式，以替代原有低效率的发展模式。在这一过程中，循环经济模式被提出，并以其投入产出率高、污染排放少的优势被广为传播和应用。鲍尔丁于 20 世纪 60 年代提出了宇宙飞船理论；该理论的核心要义是：地球是太空中的独立个体，只能通过消耗现有的或再生的能源实现经济的发展，不能从外部获得能源的输入和补给。宇宙飞船理论的观点是循环经济理论的早期萌芽。直至 1990 年，循环经济首次出现在大卫·皮尔斯和克里·特纳的书中；这本书推动了欧美等国开始大范围地发展循环经济，实现了从理论到实践的转变。中国直到 1998 年才开始引入循环经济模式，并于成效显现后的 2005 年将其提升到国家战略高度。

（2）循环经济理论的相关内容。循环经济模式的核心是通过资源的循环、高效利用，实现节能和减排的双重目标。这一发展模式是契合绿色、可持续发展要求的，健康的发展模式。相较于传统经济模式，循环经济模式的优势主要体现在：其一，传统经济发展模式从资源的利用到产品的输出再到废弃物的排放是单向的，因而无法对废弃物进行二次利用，所以，无法实现降低废弃物污染和提高能源使用效率的目标。而在循环经济模式下，则是在资源的利用到产品的生产再到废弃物的排放后增加废弃物的再利用的环节，因而形成了一个闭路循环；这一模式注重资源的重复利用和生态健康。其二，传统经济增长模式采用的是"先发展后治理"的发展方式和"末端治理"的废弃物处理方式；而循环经济模式则是在整个生产链条中的各个环节减少资源投入量，以实现资源投入产出的提高和废弃物的减量或"零排放"。

（3）环境库兹涅茨曲线理论。库兹涅茨于 20 世纪 50 年代提出了环境库兹涅茨曲线理论。该理论的主要观点是：在经济发展水平较低的阶段，收入不均的现象会越来越严重，而在经济增长到一定水平后，收入不均的程度会达到顶点，随后，会逐渐下降，即呈倒 U 形关系。1995 年，经济学家 Grossman 和 Krueger 通过研究环境状况和经济增长之间的关系，也证实了这一曲线关系。

环境库兹涅茨曲线理论的核心要义是：在经济发展或工业化发展的初级阶段，由于技术水平、意识淡薄等缺陷，在发展的过程中会通过大量投入资源来带动经济增长，因而会出现环境污染会随着经济增长而呈现出正向增长现象；但是当经济水平发展到一定程度之后，拐点就会出现，此后污染物的排放水平会随着经济增长而呈现下降趋势。环境库兹涅茨曲线如图 7-1 所示。

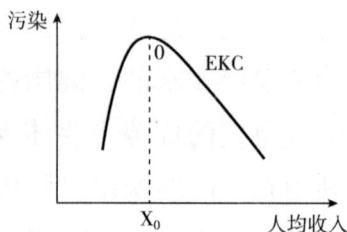

图 7-1　环境库兹涅茨曲线

环境库兹涅茨曲线理论被提出后，国内外学者进行了深入的研究和论证，部分学者的研究成果证实了倒 U 形库兹涅茨曲线的存在，部分学者认为并不存在。同时，根据通过对研究过程的梳理得出：低碳发展是加快拐点 X_0 到达的有效路径，也是保持拐点后环境友好型发展模式的必要保障。因而，环境库兹涅茨曲线理论也是本书研究低碳发展要关注的理论之一。

3. 低碳经济理论

（1）低碳经济概念的源起。英国于 2003 年率先提出了"低碳经济"的概念，背景是：其一，世界范围内工业化和城市化发展过程中日益显现了气候变暖、生态破坏等沉疴；其二，英国作为一个资源短缺的国家，由于在前期发展过程中采用了高能耗、高污染排放的发展方式，环境问题和资源短缺问题更加严峻；其三，《京都议定书》在审议通过的过程中出现了挫折，国际制度框架在构建的过程中困难重重。英国正是基于上述背景，期望在全球范围内建立市场化的能源市场以缓解自身能源压力的同时，也呼吁世界各国积极推行低碳发展模式以免冲销自身为减排所做的努力。但是，鲁宾斯关于低碳经济的概念得到了国内外学者的广泛认同。鲁宾斯认为，低碳经济是在市场机制的基础上，以制度创新带动技术创新，从而实现低能源消耗、低二氧化碳排放、高产出的绿色、可持续发展模式。

（2）低碳经济的相关内容。低碳经济具有经济性和差异性的特点。经济性是指低碳经济模式与传统经济模式相同，都是一种经济发展模式；但是，低碳经济模式是符合时代发展要求的发展模式，其摒弃了传统经济发展模式的许多缺陷，是在原有发展模式上的转型升级；差异性主要体现在各个国家由于国情各异，发展阶段不同，在采用低碳发展模式时所采取的措施的侧重点不同。研发低碳技术是实现低碳发展的根本路径。在技术开发过程中，通常是以低碳企业为主体；低碳企业应该积极培育和引进技术人才，加大研发投入，加强与科研院校的合作以促进产学研相结合。低碳经济的发展方式是节能减排。节能减排主要通过绝对减少能源消耗量和相对提高资源利用率的方式。发展低碳经济的保障是政策制度，政府可以通过制定政策制度来引导企业的发展方向及金融机构的资金流向，促进资源的高效配置和流动。

二、山西煤炭企业低碳发展情况

在中国进入新常态进而导致经济增速逐渐放缓的情形下，要实现规划中制定的经济发展目标变得压力重重。转变原本落后的经济发展方式实现绿色低碳发展与中国以煤为主的能源格局之间的矛盾成为新常态下实现 GDP 增长目标的重大障碍；此外，中国以煤炭资源支撑经济发展的格局短期内不会发生实质性改变。据统计，2016 年中国原煤累计总产量为 33.64 亿吨，其中山西原煤产量为 8.16 亿吨，占比 24.26%；故而，对山西煤炭企业的发展现状进行细致全面的分析有利于保证中国的能源供给安全和促进经济发展方式的转变。

本书从优势和劣势两个层面对山西煤炭企业低碳发展现状进行分析，并结合山西煤炭企业发展所处的阶段、减排压力、管理模式、经济环境、政策环境等状况对山西煤炭企业的处境进行整体把控，并在后文的研究中提出相应具有针对性和适宜性的对策。

（一）山西煤炭企业低碳发展的优势

1. 煤炭储量及种类多且市场需求量大

山西素来以煤著称，其煤炭资源储量非常丰富、分布广泛、种类繁多。最新数据显示，中国探明的煤炭资源储备量为 12075

亿吨，其中山西省占比高达 32.3%，为 3899.18 亿吨。山西煤炭资源的分布整体广泛，局部集中统一。就整体广泛性而言，山西 118 个县内有 94 个县区内探明有煤炭资源；就局部集中性而言，自北向南依次分布了三大煤种，分别为动力煤、炼焦煤和无烟煤。三大煤种的聚集形成了以某些煤田为代表的煤炭生产基地。考虑到数据的准确性，本书以 2014 年数据为依据绘制了三大煤种占比及代表性煤田图，如图 7-2 所示。

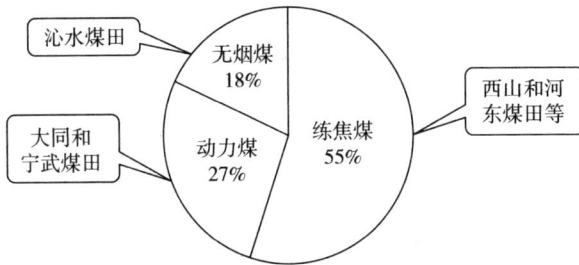

图 7-2 三大煤种占比及代表性煤田饼状图

此外，山西煤炭资源种类众多，包含有无烟煤、焦煤、肥煤等九大煤种，为山西乃至中国的经济发展提供了充足的煤炭资源。各煤种储量占比如表 7-4 所示。

表 7-4 各煤种储量占比 单位:%

种类	长焰煤	弱粘煤	无烟煤	贫煤	瘦煤	焦煤	肥煤	气煤
占比	7	2	17	18	9	13	6	28

新常态在带动中国经济结构不断优化升级的同时必然会使中国经济转向中高速发展。煤炭资源作为推动中国经济发展的主要

能源，降增速和调结构必然会使煤炭资源的消费量和需求量有所降低；统计数据也证实了中国煤炭资源的消费量在逐步降低，如表7-5所示。

表7-5 2012~2016年中国及山西煤炭消费量统计　　单位：万吨

年份	2012	2013	2014	2015	2016
中国煤炭消费总量	275464.53	280999.36	279328.74	273849.49	270320.00
山西煤炭消费总量	31085	33062	32056	29428	30061

表7-5显示经济进入新常态后中国经济发展对煤炭资源的消耗量整体呈下降趋势，但总量仍较大；此外，山西作为煤炭资源大省其煤炭资源消耗量虽然有所波动但是消耗量居高不下，基本持续保持在3亿吨左右。所以，无论是从中国经济发展的需求还是山西自身经济增长的需要来讲，山西煤炭企业仍具有良好的发展空间。

近年来，中国居民经济水平不断提高，对生活质量的要求逐步提高，基础设施配备便是之一。为了满足人们的需求，中国不断扩大铁路、排水供气管道、城市桥梁等基础设施的建设，带动钢铁、建材的需求增长，这也表明山西煤炭企业的市场前景仍然良好。

2. 配套和完善的工业体系

山西作为煤炭资源大省，具有长久的煤炭资源开采历史，并在多年的发展过程中形成了一套完善的工业配套体系。从前期的煤炭资源勘探，到开采洗选、运输，再到后期数据录入处理整个流程都具备配套的设施。在进行煤炭的开采过程中，通过采用先进的开采设备，减少了资源的浪费和安全事故的发生。在后续环节中建立了"煤—铁路—电厂"、"煤—焦—化工"等相匹配的产业链条，加快了煤炭资源的低碳化转化，增加了煤炭产业的附加值。煤炭产业作为传统产业，伴随互联网和大数据的进程，逐步实现了自动化办公系统的建立。通过自动化办公系统可以实现下属各公司间的互联互通，并对反馈的供销数据，价格变动数据进行分析以预测未来市场需求，合理把握开采量，防止库存的积压。此外，2016 年煤炭运销平台的上线可以充分整合潜在客户信息、煤炭企业供给信息、运输及物流等信息，实现线上和线下的融合互通，为山西煤炭企业的低碳转型发展提供信息平台。

3. 生产率逐步提高

山西煤炭企业经过多年的发展和经验积累具备了高效的劳动生产效率。从员工角度来讲，经过多年的发展，山西煤炭企业已经聚集了大批具备一定技术水平的从业人员。据统计，2017 年底煤炭采掘业从业人数达到 115 万人。此外，矿区周围凝聚了大量从业人员及其家属，为矿区提供了潜在的劳动力。就技术创新角度而言，全球范围内倡导低碳发展使煤炭企业不断加大科研投入并取得了丰硕的成果。例如，两柱式综采放顶煤液压支架专利技术、达世界级垂直高度的机械化长壁综采技术。这些技术创新成就提高了煤炭企业的机械化程度和开采效率，降低了开采成本，提高了市场竞争力，推动了山西煤炭企业低碳化发展的进程。就企业兼并重组角度而言，以 2018 年 9 月 19 日，阳煤集团与德国布朗开展国际并购为例，这次的收购能够使煤炭企业利用国际、国内两个市场及两种资源，充分发挥其规模作用和聚合效应。总而言之，山西煤炭企业生产效率的提高是内外部多种因素作用的结果，为煤炭企业的低碳转型发展夯实了根基。

4. 政策法律支持

为了推动煤炭行业快速转型发展，国家相关部门和山西省政府等出台了众多政策法律文件，可以为山西煤炭企业的低碳转型发展保驾护航。从税收的角度讲，中国煤炭资源税由从量计征改变为从价计征，使煤炭企业应缴税额与价格相关联，减轻了煤炭企业的税收负担。此外，2018年9月，财政部和国家税务总局发布《关于去产能和调结构房产税城镇土地使用税政策的通知》，指出将对部分去产能调结构煤炭企业免征房产税和城市土地使用税，同样减轻了煤炭企业的税负。

从去产能角度讲，国家和山西出台的去产能政策文件和环境保护法律文件对"僵尸企业"起到了法律约束和技术准入约束的作用，使大量"僵尸企业"的落后产能退出市场。产能的减少使煤炭供给和库存积压均减少，抬高了煤炭企业的市场价格，激活了市场。从政府性补助角度讲，在煤炭企业债台高筑、资金匮乏的情形下，政府在不断增加政策性补助资金发放的同时，积极引导市场资金流向为煤炭企业的转型发展续航。

5. 科技文化环境优越

《山西打造全国能源革命排头兵行动方案》的发布在为山西煤炭企业低碳转型发展提供政策支持的同时，可以使其先于其他煤炭企业率先探索新的发展方式并积累相关经验，也可以使其优先引进国外的先进技术。计算机技术的飞速发展催生了煤炭大数据平台V2.0，其借助互联网、云计算和大数据对煤炭行业有关信息进行深度挖掘，分析出煤炭行业的价格变动、产销数据变动规律和走势。大数据平台的这种优势可以为山西煤炭企业的低碳发展提供指引，更好地适应市场需求变化，减少库存积压，增强风险抵御能力。

山西煤炭企业经过多年的粗放发展，雾霾、地表塌陷等环境问题早已显现；因而，居民要求提高空气质量的呼声越来越高涨，环保意识也逐步增强，这有利于政府、企业和居民之间达成对低碳发展模式的共识，基本消除了低碳转型过程中政策措施实施的阻力，为山西煤炭企业低碳发展消除了后顾之忧。

（二）山西煤炭企业低碳发展的劣势

1. 煤炭综合利用水平较低

山西煤炭企业长期以来采用了"高能耗、低产出"的发展方式，是其实现低碳转型道路上的"痼疾"。具体体现在两个方面：其一，山西煤炭企业主要通过出售原煤或粗加工煤创收，综合利用水平和经济附加值低。此外，在开采过程中没有充分发挥伴生矿产，如煤矸石的经济价值；"煤矸石—电厂"就不失为解决煤矸石堆放和污染问题的良策。同样，"三废"的利用率和煤炭的回采率低也是山西煤炭企业在发展过程中出现的一大弊病。其二，山西煤炭企业仍较多，没有充分实现规模效应，如图 7 - 3 所示。

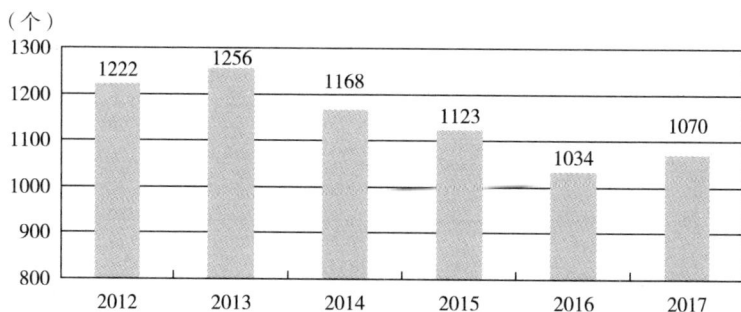

图 7 - 3　2012 ~ 2017 年山西煤炭企业数量

从图 7 - 3 可以看出，尽管受去产能趋势的影响，山西煤炭企业数量整体呈下降趋势，但是绝对数量仍在 1000 家以上；这就不免存在决策主观、缺乏整体战略规划的问题，进而难以发挥规模经济在技术共享、信息共享和基础设施共享等方面的优势，也更加凸显了其低投入产出率、低综合利用率的劣势。

2. 资金链条断裂风险高

煤炭行业是固定资产投入高和投资回报周期长的行业，所以其资产负债率一般较高。特别是在新常态背景下，整个市场经济增速呈现降中求稳趋势及煤炭企业结束十年黄金期进入寒冬阶段等都在不断挤压山西煤炭企业的成长空间。首先，受经济下行的影响，山西煤炭企业销量减少，库存积压并造成资产流动性降低和资金周转困难。其次，迫于压力，山西煤炭企业在逐步寻求转型的过程中需要在科研、骨干接替项目和产业等方面投入大量资金。最后，在缩减落后产能、发展优质产能的过程中因辞退大批从业人员而造成人员安置费高企。为了稳步度过寒冬期，山西众多煤炭企业开始不断借入资金以防止资金链断裂，如图 7 - 4 和图 7 - 5 所示。

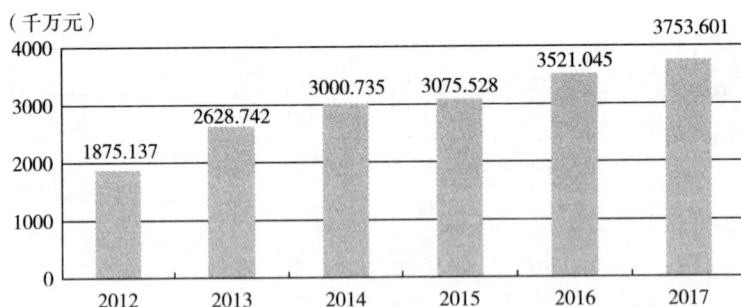

图 7 - 4　2012~2017 年山西煤炭企业利息总支出

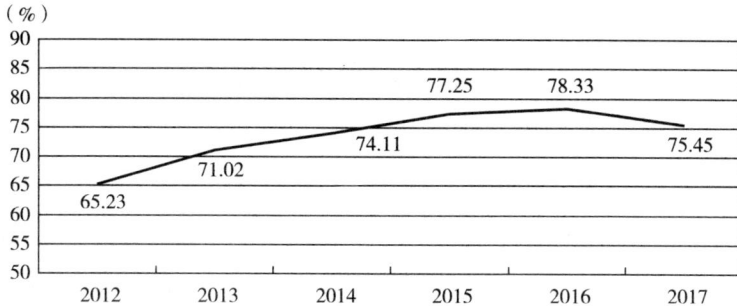

图 7 - 5　2012～2017 年山西煤炭企业总体负债率

从图 7 - 4 可以看出，2012～2017 年，山西煤炭企业的利息支出逐步增长，增长率达到 87.78%。从图 7 - 5 可以看出：5 年间山西煤炭企业的资产负债率也呈现逐年增长趋势。此外，居高不下的债务数据势必会影响其偿债能力，因而其银行融资成本高弹性低，也侧面加剧了山西煤炭企业资金链的断裂风险。

3. 安全事故多发

煤矿地下开采本身就属于高危作业，对地下开采环境的安全系数要求极高，但是山西煤炭企业仍然存在安全意识薄弱的问题，并造成了安全事故的频繁发生，如表 7 - 6 所示。

表 7 - 6　2013～2017 年山西煤炭企业安全事故数据

年份	2013	2014	2015	2016	2017
事故数（件）	7	1	5	19	29
死亡人数（人）	39	3	40	44	64

表 7 - 6 显示除 2014 年数据呈现差异性外，安全事故数量和造成的死亡人数都在增长，2017 年安全事故数和死亡人数更是分别比 2016 年上升 52.6% 和 45.5%。安全事故的多发主要是前期

安全意识淡薄，矿井水、测风仪和瓦斯监控设备失效；此外，事故发生前异常情况上报审批程序繁杂造成误时、事故发生时应急预案失效和营救失利也是造成事故多发的重要原因。

4. 煤炭市场受到挤压

近年来，山西煤炭企业因市场受到各方的挤压，销量逐年降低。其一，澳大利亚、俄罗斯等国凭借自身技术、高端设备等优势生产成本不断降低，而且受全球煤炭市场低靡，产能过剩等影响，各煤炭资源生产国亟须扩大国际市场以消化过剩产能，造成煤炭出口价格严重倒挂，使山西煤炭企业的出口量连年降低，如图 7 - 6 所示。

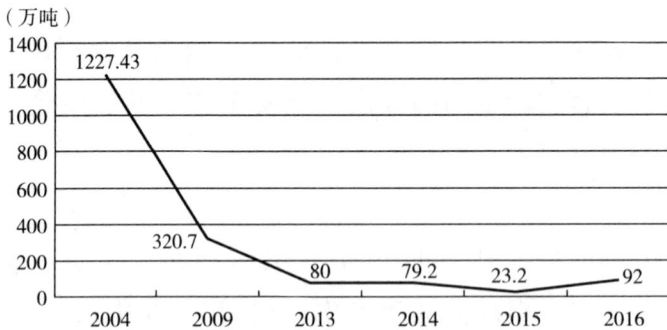

图 7 - 6　2004～2016 年山西煤炭出口量

除此之外，河北、河南、内蒙古等省份的煤炭企业与山西煤炭企业之间竞争趋于白热化，使山西煤炭企业的发展举步维艰。其二，受国内经济进入新常态的影响，煤炭产业的下游产业增长缓慢，造成煤炭需求疲软，不断挤压山西煤炭企业的市场范围。其三，政府政策不断引导国内外企业和资金流向清洁能源项目和公司，使风能、太阳能等清洁能源在中国近年的能源市场中飞速发展，市场份额快速扩大。另外，山西居民受雾霾天气的不利影响，在排斥煤炭产业相关产品的同时，大力提倡和使用清洁能源，这都在很大程度上缩小了山西煤炭企业的市场份额。

5. 政府简政放权未切实落实

山西煤炭企业的低碳转型之路已进入瓶颈期，为了克服发展中的种种困难，需要各相关方相互配合，共同努力，为转型发展扫除障碍。政府作为国家机关应积极引导改革方向，切实履行相关职能，为山西煤炭企业的转型发展提供有序的市场环境，但在现实情况下，山西省政府的相关政策和职能有待进一步落实。

煤炭行业进入寒冬期后，一大批山西煤炭行业中的"僵尸企业"和连年亏损企业逐渐显现，但是受政府政策和财政等的扶持而并未被市场淘汰。尽管迫于国家简政放权的要求出台了放权政策，但是在实际运行中并未得以切实落实。政府仍然干预煤炭市场的运行，无法让市场配置资源，从而无法发挥市场淘汰落后产能的作用。此外，山西省政府一般都在问题出现之后再制定相关政策，具有政策滞后性，无法及时处理市场经济状况，适应性较差，错过了最佳过失弥补期，使煤炭企业处境雪上加霜；一个地区经济的发展离不开大环境的支撑，但是山西省内部政府、企业等主体之间经济利益关系盘根错节，缺乏对政府机关的有效监管。

6. 环境压力越来越大

自 2007 年开始，中国超过美国成为全球二氧化碳排放最多的国家，也因此面临着来自国外各个国家和国内居民的双重压力；此外，《哥本哈根协议》的目标也督促着中国的节能减排进程。在此过程中，山西作为煤炭资源产销量最大的省份，必须要为国家节能减排目标的实现承担应有的责任。

在长期的发展过程中，因采取粗放型的经济发展方式出现了过度开采、地表荒漠化、地表塌陷、空气粉尘污染等问题，严重地降低了居民的生活品质和煤炭企业的长远发展。山西煤炭企业因资金短缺问题，加之山西省政府为了使煤炭企业适应市场化的环境，不断减少对其官方补助，因而煤炭企业难以投入大量资金进行矿区周围环境的修复和重建，造成废弃矿区逐步荒漠化和现有矿区植被覆盖率降低。为了实现山西煤炭企业发展的可持续性，转变原本落后的生产、发展方式，逐步向低碳化转型，提高对前期环境保护和后期环境修复的关注度是必由之路。

三、基于LMDI因素分解的山西煤炭企业绿色低碳发展影响因素实证分析

煤炭行业的市场受到挤压、生产效率提高、科技文化环境良好、煤炭综合利用水平低、煤炭需求量仍较大等现状为本章选取行业经济、能源强度和能源结构等指标研究山西煤炭企业碳排放的影响因素奠定了基础。在此基础上，借助 LMDI 因素分解法，揭示影响山西煤炭企业碳排放的正向和负向因素，并为后文提出具有针对性地加快山西煤炭企业绿色低碳发展的方法措施提供依据。

（一）山西煤炭企业低碳发展影响因素选择及数据收集

1. 山西煤炭企业低碳发展影响因素的选取

迄今为止，国内外学者对低碳发展的研究领域不断扩大，研

究层次和深度也经历了由浅入深的过程，其中，有关碳排放影响因素的研究成为各研究主题的核心部分。徐国泉（2006）对中国1995～2004 年的碳排放量进行因素分解后指出，经济的增长是影响碳排放量的正向因素，能源结构和能源效率则是负向影响因素。郭朝先（2010）则将研究期间延长到 2007 年，结论表明，经济的增长和能源利用率的提高分别是促进和抑制中国二氧化碳排放的最主要因素，而在当前阶段产业结构和能源结构对碳排放的抑制潜力还未得到充分的发挥。

通过对文献综述部分的梳理可以看出，有关碳排放影响因素的研究是国内外学者的重点研究领域，对碳排放影响因素的分解主要包含人口规模，经济增长、能源结构、能源强度、产业结构等因素。此外，国内外学者对碳排放影响因素的研究主要集中在国家层面，对地区层面的研究则是处于起步阶段，研究成果较少。

低碳发展是不同于传统发展模式的新模式，其以技术创新为核心，以节能减排为发展方式，以制度机制为运行保障，以期实现经济增长的可持续性；此外，低碳发展是一个涉及经济、社会、科技、环境等各系统的复杂发展模式。综上，本书在借鉴文献梳理结果的基础上，采用 LMDI 因素分解法以从业人口规模、行业经济效益、能源强度、能源结构为分解因素对山西煤炭企业2008～2017 年碳排放量进行分解，并在数据处理结果基础上对山西煤炭企业碳排放现状进行综合分析。

2. 碳排放量的测算模型

目前而言，各统计机构均缺乏对各行业乃至国家层面碳排放数据的估算和统计，所以本书在借鉴郭朝先、徐国泉等学者有关碳排放估算模型的基础上，结合实际需要提出了以下碳排放估算模型以估算 2008～2017 年山西煤炭企业的碳排放量。

改进后的碳排放估算模型如下：

$$C = \lambda_m E_m + \lambda_s E_s + \lambda_d E_d \tag{7-1}$$

其中，C 表示二氧化碳排放量；λ_m 表示煤炭及相关产品的碳排放系数，E_m 表示煤炭及相关产品的消耗量（单位为标准煤）；λ_s 表示石油及相关产品的碳排放系数，E_s 表示石油及相关产品的消耗量（单位为标准煤）；λ_d 表示电力的碳排放系数，E_d 表示电力的消耗量（单位为每千瓦时）。

有关各能源的碳排放系数国内或国际范围内并没有统一的标准，全球范围内一些研究机构均提出了不同的碳排放转化系数，但是差异较小；为避免采用不同系数指标时计算结果的重大偏差，本书通过资料查询和收集，整理出了全球气候变化基金会、亚洲开发银行、中国工程院、美国能源部、日本能源研究所提供的燃煤和燃油的碳排放系数并求其平均值以保证系数指标的代表性，具体如表 7－7 所示。

表 7－7　不同机构提出的煤炭、石油碳排放系数

单位：kg－c/吨标准煤

研究机构	煤炭	石油
全球气候变化基金会	0.748	0.583
亚洲开发银行	0.726	0.583
中国工程院	0.680	0.540
美国能源部	0.702	0.478
日本能源研究所	0.756	0.586
平均值	0.7224	0.554

电力作为二次能源可作为独立的一项能源项目进行列示，以更明确地凸显山西煤炭企业对一次能源和二次能源的消耗量的增

减变动情况，但对于电力折标系数，目前虽尚未有统一的指标可以借用，可以通过资源之间转化的数量关系进行推算。2011 年中电联发布的全国供电标准煤耗是 0.404 吨标准煤/千瓦时，据此可以推算电力折算成标准煤的系数，具体过程如下：

1 千瓦时 = 0.404 吨标准煤

$1kgce = 0.7224kg - c$

电力折标系数 = 0.404 × 0.7224 = 0.292kg － c／千瓦时

$$(7-2)$$

根据式（7－1）碳排放估算模型和表 7－1 及式（7－2）提供的有关煤炭、石油、电力的折算成标准煤的系数数据，可以得出如下碳排放测算公式：

$$C = 0.7224E_m + 0.554E_s + 0.292E_d \qquad (7-3)$$

3. 碳排放量的测算

本书采用的 2008 ~ 2017 年山西煤炭企业有关煤炭、石油、电力消耗量的数据均来自历年《山西统计年鉴》；另外，考虑到数据难以获得，仅以占山西煤炭企业能源消耗总量 85% 左右的煤炭、石油及电力三种能源项目代表并组建本书能源结构的构成项目。结合式（7－3）测算的碳排放量及三种能源消耗量的原始数据如表 7－8 所示。

表 7－8　2008 ~ 2017 年山西煤炭企业碳排放数量及原始数据

年份	煤炭消耗量 （万吨标准煤）	石油消耗量 （万吨标准煤）	电力使用量 （亿千瓦时）	碳排放总量 （万吨）
2008	1758.41	30.44	178.33	1339.21
2009	1874.95	41.08	150.83	1421.26
2010	2064.50	36.02	171.85	1561.53
2011	2327.36	48.72	194.31	1765.01

续表

年份	煤炭消耗量 (万吨标准煤)	石油消耗量 (万吨标准煤)	电力使用量 (亿千瓦时)	碳排放总量 (万吨)
2012	2501.24	55.41	270.74	1916.65
2013	2864.07	61.66	276.80	2183.99
2014	2563.43	64.16	263.31	1964.25
2015	2613.51	59.91	235.97	1990.09
2016	2094.18	65.83	217.40	1612.79
2017	2017.39	70.99	258.81	1572.26

(二) 山西煤炭企业低碳发展模型的构建

1. 模型构建的意义

环境污染导致极端天气状况频频出现使人们开始反思原有的发展方式。理论和实践的双重验证使人们开始摒弃"增长即是发展"的传统增长理念，并意识到可持续发展才是发展的真谛，才能真正实现发展的代内及代际公平。在此背景下，低碳发展得以提出并被各个国家所采用。山西作为在中国具有代表性煤炭大省，对其煤炭企业进行深入、细致的研究具有重要意义。

通过构建以近10年有关人口、GDP、能源强度等的数据为内核，以LMDI因素分解法为工具的理论模型，通过分析揭示影响山西煤炭企业低碳化发展的客观规律，以期山西煤炭企业在遵循规律的同时，发挥自身能动性，推动低碳减排的进程。通过构建该模型可以摆脱人们对影响山西煤炭企业二氧化碳排放量的主观臆测，以数据为支撑的定量化研究更具准确性和严谨性。该模型以多个因素为切入点，更全面地反映各个因素对山西煤炭企业二氧化碳排放量的影响，规避单因子评价方法的片面性，准确地把据抑制因素，以便加快其低碳化转型进程。

2. 模型构建的原则

模型构建的恰当与否关系到是否能够反映所研究问题的核心、体现问题的本质，也影响效果评价的准确性、完整性和相关性。因此，在构建模型的过程中应遵循一定的原则，才能确保模型的科学性。在构建有关山西省煤炭企业低碳发展的模型时，应坚持以下原则：

（1）科学性兼顾可行性。在构建有关山西煤炭企业低碳发展影响因素模型时，从影响因素的甄选，数据来源的选择，到数据的收集，再到数据的运算处理及后期数据结果的评价都必须要建立在科学性原则的基础上。但是也要平衡好科学性和可操作性之间的关系，在既定因素选择的基础上，要兼顾数据收集的可行性、数据的可靠性及统计操作的可行性。理论最好的归宿是指导实践，所以，在选择影响因素时应尽可能考虑公众的理解和接受程度，更直观地反映与公众休戚相关的生活活动，使公众更好地认知自身活动对碳排放的影响程度，调动公众的减排意识。

（2）完备性兼顾典型性。对影响碳排放的因素的甄选应涉及各方面，形成一个完备因子群。完备因子群可全面、多维度地反映影响山西煤炭企业碳排放的影响因素；但是完备因子群因涉及众多方面，因子间可能存在多重共线性，因而关系冗杂，数据收集难度大，数据处理效率低质量差。所以应兼顾因素的代表性，从而筛选出具有典型性的因素，避免重复和繁杂，使模型更具针对性，简单明晰。

（3）系统性兼顾层次性。通过前文对山西煤炭企业低碳发展现状的分析可以看出，山西煤炭企业在低碳化发展的进程中，虽然存在综合利用水平低的弊端，但生产效率的逐步提高及科技水平的不断提升为其低碳发展提供了助力。所以，在确保数据可获得的前提下，因素的选取应考虑这些方面。但是，因各因素对碳排放的影响程度不同，在模型构建时应做到重点突出、层次分明。例如，在对某一关键因素进行相关数据收集的过程中应更多地关注数据的准确性、完整性，以免模型运算结果出现重大偏差，影响后期的结果评价。

（4）动态性兼顾稳健性。山西煤炭企业低碳化转型不可能一蹴而就，必将是一个循环式上升的动态过程，所以在因素选择的过程中应根据经济社会等现状的变化不断调整，在数据收集的过程中采用具有一定时间跨度的数据系列来反映该时段内低碳经济的发展状态和态势。但是，因素的动态多变性会影响结果的可比性，不利于进行趋势分析，无法判断影响碳排放的主要因素。所以，在对模型的构建过程中应做到动态性和稳定性的相互融合，从而建立更具柔性和更科学合理的模型。

（5）继承性兼顾创新性。中国低碳经济经过多年的研究与发展，形成了有关低碳发展的大量研究成果，山西煤炭企业作为低碳转型发展的典型示范区，可以有选择地借鉴和继承现有指标评价体系的相关研究成果，进而提高研究工作的效率。但是，继承是一个有选择的过程，不是复制现有研究成果，而是在考虑山西煤炭企业的现状和特征的基础上，综合考虑理论和现实各方面因素加以改进和创新，使构建的模型与研究的问题更贴切，更能反映问题的核心和命脉。

3. 模型的建立与因素分解

（1）Kaya 恒等式。国内外有关碳排放影响因素的研究经过多年的推进，出现了很多碳排放恒等式，其中，日本学者 Yoichi Kaya 于 1989 年提出的 Kaya 恒等式被广泛应用于众多领域。该恒等式将经济、社会、技术等众多方面均纳入二氧化碳排放量的测算中，并将其以数学关系的形式展现，可以明确地量化各影响因素对碳排放量的影响程度。Kaya 恒等式的初始形式如下：

$$C = P \times \frac{\text{GDP}}{P} \times \frac{PE}{\text{GDP}} \times \frac{C}{PE} \tag{7-4}$$

式中，C 表示碳排放总量；P 表示人口数；GDP 表示国内生产总值；PE 表示能源消耗总量。

（2）改进的 kaya 恒等式及碳排放影响因素的 LMDI 分解法。Kaya 恒等式初始模型分解出的碳排放影响因素并不透彻和全面，而且该恒等式只是为具体研究提供了一个范式和模板，并不具备广泛的代表性和适应性，无法适用于各不同的研究主题。基于上述问题和研究需要，本书在上述分解因素的基础上加入了能源结构因素，形成了适于山西煤炭企业碳排放现状的改进的 Kaya 分解模型。

$$C = \sum_{i=1}^{3} C_i = P' \times \frac{\text{GDP}'}{P'} \times \frac{E}{\text{GDP}'} \times \frac{E_i}{E} \times \sum_{i=1}^{3} \frac{C_i}{E_i} \tag{7-5}$$

式中，C 表示山西省煤炭企业的碳排放总量；C_i 表示山西省煤炭企业消耗 i 种能源的碳排放量；P' 表示山西省煤炭企业的从业人数；GDP′表示山西省煤炭企业的生产总值；E 表示山西省煤炭企业的能源消耗总量；E_i 表示山西省煤炭企业 i 种能源的消耗量。

由式（7-5）可以对各分解因素进行重新定义，$Q = \dfrac{\text{GDP}'}{P'}$为行业经济效益因素，代表山西煤炭企业从业人员的单位产值；$R = \dfrac{E}{\text{GDP}'}$为能源强度因素，代表山西煤炭企业单位生产总值的能源消耗量，也即为能源利用效率；$W_i = \dfrac{E_i}{E}$ 为能源结构，代表第 i 种能源在山西煤炭企业能源消耗总量中所占的比重；$K_i = \dfrac{C_i}{E_i}$ 为第 i 种能源的碳排放系数，代表山西煤炭企业消耗单位第 i 种能源的碳排放量；在此基础上对式（7-5）进行简化如下：

$$C = \sum_{i=1}^{3} C_i = \sum_{i=1}^{3} P'QRW_iK_i \tag{7-6}$$

式中，Q 表示山西煤炭行业经济效益；R 表示能源强度；W_i 表示能源结构；K_i 表示第 i 种能源的碳排放系数。

借助上述简化公式，报告期相对于基期的二氧化碳排放量的差异可进行如下表述：

乘法模式：$D_{tot} = \dfrac{D_t}{D_0} = D_{p'}D_qD_rD_{wi}D_{ki}$ $\tag{7-7}$

加法模式：$\Delta C_{tot} = C_t - C_0 = \Delta C_{p'} + \Delta C_q + \Delta C_r + \Delta C_{wi} + \Delta C_{ki}$

$$\tag{7-8}$$

在上式乘法模式和加法模式中，各子项目分别表示从业人口数、行业经济效益、能源强度、能源结构、碳排放系数对山西煤炭企业碳排放量的影响程度。除此之外，因各种能源的碳排放强度在短时间内不会发生较大变化，所以假设其对碳排放量变化的影响程度为零，故令 $\Delta C_{ki} = 0$。

上述对核心指标各影响因素的分解方法属于指标分解分析方法的主要模式，其中，LMDI 对数指标分解法便属于指标分解分析方法中一种被广泛采用的因素分解法。LMDI 因素分解法具有如下优势：①对主体指标可以进行完全分解，不存在无法解释的残差项，使数据处理结果更具有合理性和严密性，而且此方法操作简单，便于运行。②有乘法和加法两种不同的表现形式，在这两种不同的表现形式下，数据的处理结果具有一致性，不存在无法处理的结果偏差。LMDI 因素分解法的主要缺陷是无法处理含 0 项和负值项的数据。考虑到本书的研究中从业人口数、能源强度、行业经济结构等项目不可能出现 0 或负值及 LMDI 因素分解法所具备的优势，故采用 LMDI 因素分解法对山西煤炭企业碳排放影响因素进行分解。

LMDI 因素分解法具有乘法分解和加法分解两种模式，因两种模式下数据处理结果具有唯一性，所以仅采用加法模式对山西煤炭企业碳排放影响因素进行分解，对于乘法模式不再赘述。加法模式下，对山西煤炭企业碳排放各影响因素的分解如下。

从业人数对碳排放量变化的影响数：$\Delta C_{p'} = \sum\limits_{i=1}^{3} \mu_i \ln \dfrac{P_t{'}}{P_0{'}}$

$$(7-9)$$

行业经济效益对碳排放量变化的影响数：$\Delta C_q \sum\limits_{i=1}^{3} \mu_i \ln \dfrac{Q_t}{Q_0}$

$$(7-10)$$

能源强度对碳排放量变化的影响数：$\Delta C_r \sum\limits_{i=1}^{3} \mu_i \ln \dfrac{R_t}{R_0}$ $\quad(7-11)$

能源结构对碳排放量变化的影响数：$\Delta C_{wi} \sum\limits_{i=1}^{3} \mu_i \ln \dfrac{W_{it}}{W_{i0}}$

$$(7-12)$$

共同的因子：$\mu_i = (C_i^t - C_i^0)/\ln(C_i^t/C_i^0)$ $\qquad(7-13)$

式中，$P_t{'}$ 表示第 t 年山西煤炭企业从业人数；$P_0{'}$ 表示 2008 年山西煤炭企业从业人数；Q_t 表示第 t 年山西煤炭企业行业经济效益；Q_0 表示 2008 年山西煤炭企业行业经济效益；R_t 表示第 t 年山西煤炭企业能源强度；R_0 表示 2008 年山西煤炭企业能源强度；W_t^i 表示第 t 年山西煤炭企业第 i 种能源的消费比重；W_t^0 表示 2008 年山西煤炭企业第 i 种能源的消费比重；C_t^i 表示第 t 年山西煤炭企业消耗第 i 种能源产生的碳排放量；C_t^0 表示 2008 年山西煤炭企业消耗第 i 种能源产生的碳排放量。

（3）数据的来源及处理。本书收集的山西煤炭企业煤炭产量数据及各年度煤炭的综合售价数据主要源于山西产业信息网和政府工作报告及相关行业网站。此外，为了保证数据的可比性和研究的严谨性，将 2009～2017 年山西煤炭企业产值数据以 2008 年的不变价格进行了折算。有关山西煤炭企业从业人口数及山西煤炭企业能源消耗总量数据均来自历年《山西统计年鉴》。通过上述数据的收集和处理，绘制了如表 7 - 9 所示的山西煤炭企业碳排放相关原始数据，后续模型的构建和处理均以此表为数据支撑。

表 7 - 9　山西煤炭企业 2008～2017 年碳排放相关原始数据

年份	从业人口数（万人）	煤炭产量（亿吨）	煤炭总产值（亿元）	煤炭行业经济效益（万元/人）	能源消耗总量（万吨标准煤）	能源消费强度	能源结构（煤炭占比）	碳排放总量（万吨）
2008	75.32	6.30	2181.40	28.96	2420.43	1.11	0.93	1339.21
2009	76.65	6.15	2490.64	32.49	2633.96	1.06	0.92	1421.26
2010	78.91	7.40	2905.61	36.82	2966.28	1.02	0.91	1561.53
2011	84.89	8.70	3342.83	39.38	3352.10	1.00	0.91	1765.01
2012	89.30	9.14	3815.04	42.72	3721.54	0.98	0.88	1916.65
2013	101.54	9.60	4592.41	45.23	4297.32	0.94	0.87	2183.99
2014	97.07	9.76	4544.13	46.81	4201.53	0.92	0.86	1964.25
2015	93.30	9.44	4425.71	47.44	3965.25	0.90	0.89	1990.09
2016	92.66	8.32	4109.35	44.35	3507.65	0.85	0.88	1612.79
2017	73.20	8.56	4211.58	57.54	3473.52	0.82	0.84	1572.26

4. 山西煤炭企业碳排放影响因素分解

结合山西煤炭企业 2008～2017 年碳排放相关原始数据表 7 - 9 和式（7 - 9）～式（7 - 13），可以得出表 7 - 10。

表 7 - 10　2009～2017 年山西煤炭企业碳排放量变化的因素分解（加法）

指标	碳排放绝对值变化（10^4 吨二氧化碳）（以 2008 年为基期）								
	2009 年	2010 年	2011 年	2012 年	2013 年	2014 年	2015 年	2016 年	2017 年
碳排放增量	82.05	222.32	425.80	577.44	844.78	625.04	650.88	273.57	233.05
人口规模	24.15	67.39	184.45	274.21	515.93	413.90	351.72	304.78	41.44
行业经济	146.82	332.89	459.14	627.50	763.71	762.36	791.31	599.60	901
能源强度	−66.26	−120.58	−156.07	−207.43	−294.30	−297.54	−351.34	−385.85	−430.53
能源结构	−22.66	−57.38	−61.72	−116.84	−140.56	−253.68	−140.82	−244.97	−278.86

（三）山西煤炭企业低碳发展的实证结果分析

当前，山西煤炭企业的发展进入重要的转型期和机遇期，转变落后的生产方式实现低碳化发展是转型期的必然选择，抓住发展机遇占领发展的制高点是山西煤炭企业的战略目标和方向。在此过程中，深入探讨影响山西煤炭企业低碳发展的影响因素显得尤为必要，分析各驱动因素对碳排放的正向或负向作用以及影响程度的大小有助于抓住问题中的主要矛盾和根本，便于为山西煤炭企业的低碳转型发展提供更具效用和针对性的政策措施。

根据前文数据，本书绘制了 2008～2017 年各驱动因素的变化趋势以及以 2008 年数据为基期的山西煤炭企业 2009～2017 年碳排放变化量中，各驱动因素的贡献率变动趋势（见图 7 - 7）。其中，2008～2017 年各驱动因素的变化趋势因数值大小差异较大，无法使用同一的刻度值，为显示各因素的变化趋势，图 7 - 8

和图 7 - 9 分别显示人口规模、行业经济效益和能源强度、能源
结构的变化趋势。

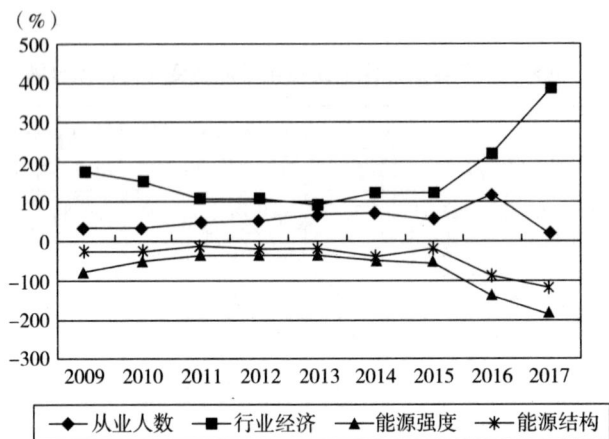

图 7 - 7　2009~2017 年各驱动因素对碳排放变化量的贡献率

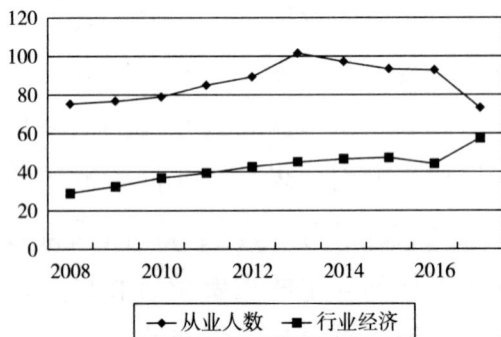

图 7 - 8　2008~2017 年从业人数和行业经济的变动趋势

在图 7 - 7、图 7 - 8 和图 7 - 9 的基础上，对各驱动因素的变
化趋势分别进行如下分析。

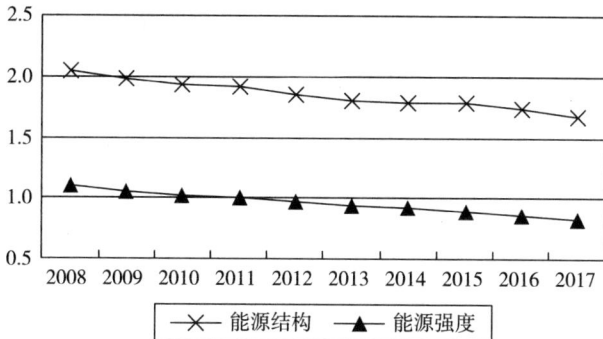

图 7-9 2008～2017 年能源强度和能源结构的变动趋势

1. 从业人数对碳排放量变化趋势的影响分析

煤炭产业一直是山西经济发展的重要支柱性产业，在当前新常态的背景下，这种以煤为主的落后发展方式是阻碍中国经济转型的一大障碍。此外，煤炭市场的持续低迷严重打击了山西经济的发展，即便在此内忧外患的情况下，山西煤炭产业仍然容纳了山西大量的劳动力。从图 7-8 中可以看出，2008～2012 年属于煤炭"黄金十年"期间，山西煤炭行业的从业人口数量呈现出逐步上升趋势，并在 2013 年达到从业人数的最高点，此后的 2013～2017 年山西煤炭行业从业人数逐年下降；在 2017 年，因受改革力度加大，结构调整等因素，山西煤炭行业从业人数达到近 10 年的最低点，相对于 2013 年下降了 27.91%。在图 7-7 中，山西煤炭行业从业人口数对碳排放量变化的贡献率有升有降，但是贡献率一直大于零，属于碳排放促进因素。所以，煤炭市场的发展前景关系煤炭行业的从业人数，而采取有效措施，在不激发社会问题的情况下，适当减少山西煤炭行业的从业人数也是实现减排的可用措施。

2. 行业经济效益对碳排放量变化趋势的影响分析

用从业人员人均煤炭生产总值表示行业经济效益，其中包含了许多因素的综合作用和影响，如山西煤炭行业机械化水平的提高对行业经济效益的提升作用、受煤炭行业市场供需和进出口状况影响的煤炭市场价格的变动及煤炭行业从业人数的变动等都会影响山西煤炭经济的发展的趋势。从图7-8中可以看出，山西煤炭行业的经济效益呈现上升趋势，即便是"黄金十年"结束后，人均煤炭生产总值也呈现上升趋势。从图7-7中可以看出，行业经济效益在近10年内对碳排放量变化的贡献率最大，是促进碳排放的主要因素。所以，在整个煤炭市场行情不可控的情形下，山西煤炭企业逐步提高自主创新能力，提高机械化水平及引进高素质的专业技术人员等是推动低碳减排的可行方案。

3. 能源强度对碳排放量变化趋势的影响分析

2008~2017年，山西煤炭企业的能源消费总量以2013年为节点有升有降，但是图7-9显示在此10年间山西煤炭企业的能源消费强度呈稳步下降趋势；因素分解表7-7中同样显示能源强度对碳排放量变化的贡献值的绝对数也呈下降趋势，此外，图7-7的统计结果也证实了能源强度是抑制碳排放的重要因素。这种现象的出现主要归功于技术水平的逐步提高、经济的增长等因素带来的能源利用率的提高，但是以单位产值的能耗代表能源强度具有局限性和片面性，因为只要山西煤炭行业产值的增速超越了能耗的增速就会使能源强度继续保持下降趋势，这不符合未来山西煤炭企业的未来发展趋势，因为煤炭、石油作为不可再生能源，具有稀缺和有限性，所以在不断加大科技投入，提高自主研发和创新能力以提高能源利用效率的同时，逐步清洁能源占比仍然具有战略意义。

4. 能源结构对碳排放量变化趋势的影响分析

在山西煤炭企业的能源消耗总量中煤炭、石油等高碳排放能源所占比重在 85% 左右，是山西煤炭企业的主体能耗。能源结构对碳排放的贡献值的绝对数也基本呈上升趋势，而且在 2015 年以后受国家节能减排、经济转型和结构调整的大力号召下，山西煤炭企业能源结构对碳排放的贡献率绝对数大幅度下降，展现出了能源结构调整在山西煤炭企业低碳转型发展中的巨大潜力。山西提出力争 2020 年天然气占比达到 12%，2022 年清洁可再生能源占比突破 30%，其中山西煤炭企业作为山西经济发展的重要主体，应不断提升清洁能源在能源耗费中的比重，也应不断延长产业链，实现高碳能源的低碳发展。

　　本章对山西煤炭企业碳排放的影响因素进行了实证分析中，在现状分析结果的基础上甄选出了四个影响因素；在研究意义和原则的规范下建立了适用于本书的 LMDI 因素分解模型；在模型运行结果的基础上对四个影响因素分别进行了分析，分析结果表明从业人口数量、行业经济效益是山西煤炭企业碳排放的正向因素，而能源强度和能源结构是碳排放的负向因素。

四、山西煤炭企业绿色低碳发展的对策

（一）山西煤炭企业低碳发展的内部策略

1. 优化人员体系

对影响山西煤炭企业碳排放量的因素进行分析的结果表明，

从业人口数对碳排放量的贡献率一直大于零，是碳排放的促进因素，所以，调控从业人口数是山西煤炭企业推进低碳转型的着手点。

在当今全球范围内不断推崇创新求变的环境中，人力资源成为各个国家、各个企业实现超越的核心竞争力。同理，山西煤炭企业也应将关注点逐步分散到其从业人口中来，从中找寻新的突破口。首先，从从业人数角度，煤炭企业从业人数不仅关系煤炭开采量问题，会增加碳排放量，甚至影响整个煤炭资源系统的平稳运行。具体而言，与煤炭资源需求量、行业发展层次、技术水平等相适应的从业人数才是合理的，否则将会扰乱煤炭资源市场的运行。所以，山西煤炭企业在落实低碳发展规划的过程中应不断摸索和积累经验，并总结规律，缓解从业人数冗余造成的碳排量增加的问题，良好推动山西煤炭企业低碳转型规划的落地实施。其次，从从业人员素质角度来看，山西煤炭企业管理人员应不断深入自身对低碳发展的认知，汲取国内外先行者在低碳领域获得的经验，以更好地制定符合企业自身情况的战略并有效推动战略的实施。针对基层工作人员，应加强专业培训，提高技术操作水平，在减少碳排放及污染物排放的同时，减少安全事故的发生概率。

2. 改善能源结构

数据显示，煤炭、石油等高碳能源在山西煤炭企业的总能源消费量中占有极大比重，但是对其碳排放量的因素分解结果进行贡献率分析后发现，能源结构对碳排放的绝对贡献值在大幅度下降，表明改善能源结构是山西煤炭企业发展低碳经济的首要关注点。

对山西煤炭企业能源消费结构的改善可以从以下两方面入

手：其一，山西煤炭企业应不断提高资源利用率，减少高碳能源使用量和碳排放量。山西煤炭企业在生产经营的过程中，应从开采、加工、使用到废弃物处理等整个环节的专用设备进行升级改造，提高能源的利用率，并对加工工艺和生产线进行技术化革新，提高能源的产出率，降低能源消耗量，缓解能源消费结构与低碳发展之间的冲突。其二，提高清洁能源在能源消费中的比重在山西煤炭企业低碳发展过程中具有较大发挥空间。随着一次能源枯竭危机的来临，清洁能源进入人们的视野，全球各个国家都在积极地从清洁能源方面寻找突破口，以打破资源短缺的瓶颈，企图率先占领新型能源的制高点，而山西作为中国的煤炭大省在中国清洁能源体系的建设过程中责任重大。山西提出力争 2020 年天然气占比达到12%，2022 年清洁可再生能源占比突破30%，而山西煤炭企业作为关系山西经济发展的重要主体，应积极承担社会责任，逐步提高天然气、风能、生物质能等清洁能源的比重。此外，清洁能源产业是朝阳产业，随着行业的发展及山西煤炭企业对其认知的不断深入，可能会为山西煤炭企业的转型发展提供一种新思路。

3. 降低能源强度

本书的研究结果表明，山西煤炭企业的能源强度逐年降低，能源强度对碳排放量的贡献率一直低于零，近年更是大幅下降，所以降低能源强度是山西煤炭企业低碳发展的切入点。

能源强度 $\left(\dfrac{E}{GDP'}\right)$ 表示单位生产总值的能源消耗量即能源利用效率，是一个涉及政策、市场、经济状况等众多因素的复杂指标。对山西煤炭企业而言，一些因素是不可控的或有局限性的。不可控性体现在，单位生产总值受煤炭价格和通货膨胀水平的影响，而煤炭价格和通货膨胀水平会受国际国内市场状况的影响出现大幅波动。局限性体现在，市场需求状况影响着山西煤炭企业的生产状况，生产的进行需要以能源消耗为支撑，而山西以煤炭企业为主体的经济发展格局就决定了通过减少煤炭企业的能源消耗来降低能源强度具有一定的局限性。所以，通过寻求政策、市场、经济发展状况等因素之间的互相配合以在短期内大幅降低能源强度是难以实现的，但从长远方面考虑，通过技术创新逐步提高能源利用率将一直是降低能源强度的可行措施。山西煤炭企业低碳转型发展是一个循序渐进的过程，企图在短期内获得显著的成果终将会伤及根本，而是需要在摸索与探寻中寻求发展，这是山西煤炭企业在发展低碳经济的过程中必须要考虑的现实问题。

4. 创新低碳技术

低碳经济概念的出现为能源型企业的转型提供了方向。低碳经济经过多年的发展已经进入瓶颈期，各能源型企业开始从低碳技术角度寻求突破。山西煤炭企业落后的技术创新水平一直是阻碍其实现转型的一大障碍，为了实现紧跟时代潮流和寻求自身飞跃发展，应逐步淘汰原有落后的生产线和开采工艺，大力创新低碳技术。

（1）创立校、企、科研机构技术研发联盟。山西煤炭企业的低碳技术创新能力整体而言较弱，这主要归根于山西煤炭行业的技术创新成果大多源于企业内部研发，由学校、企业、科研机构共同研发的技术成果少之又少。低碳技术的研发仅依靠企业单方的努力无法将校方大量技术创新人才、科研机构先进研发设备和企业获取的市场信息结合，使其低碳技术效用较差。故而山西煤炭企业应该在校、企、科研机构的合作中寻发展，建立三位一体的低碳技术创新联盟。这不仅可以解决高校方面的就业问题，而且可以充分利用科研机构的先进设备，提高其研发能力，还可以提高山西煤炭企业的市场竞争力和资源利用效率，降低其碳排放量。

（2）业内合作共同投资开发低碳技术。煤炭企业提供的煤炭产品直接影响其后续消耗过程中的二氧化碳排放量，是影响碳排放的源头。例如，煤炭的气化和液化会大幅度降低消耗过程中煤炭的碳排放量。此外，煤炭企业提供的产品是宣传低碳理念的一大载体，即煤炭企业可以通过低碳产品的输出来弘扬和传达低碳生活理念。因而，借助低碳技术来输出低碳产品，弘扬低碳生活方式是促进煤炭企业低碳发展的一大契机。但低碳技术的开发是一项投入—产出周期较长的投资，而当下，山西煤炭企业大多负债累累，资金短缺，单独开发低碳技术的资金压力和风险大，这也是当下山西煤炭企业低碳转型过程中面临的一大阻碍。新的管理模式和动态多变的市场环境下，合作共赢是企业间获得新的竞争优势的可行战略。所以，面临山西煤炭企业低碳发展过程中的困境，应寻求业内合作，共同投资开发低碳技术，共享收益共担风险是获得新的战略优势的可行路径。

（二）山西煤炭企业低碳发展的外部策略

1. 增强政府政策支持力度

（1）落实和完善现有政策体系。经过多年的发展，山西省政府已经制定了一系列促进山西煤炭企业低碳发展的政策措施，为山西煤炭企业的低碳转型提供了政策保障，但是政策的落地实施效果有待提高。因此，山西省政府应做好以下工作：首先，检查制定的政策是否存在漏洞和缺陷，无法落地实施和有效促进煤炭企业低碳发展。其次，督察相关部门是否存在在位不谋政的现象，造成政策高置，无法发挥作用。最后，对相关部门的主管人员进行问责，盘查其是否存在腐败的行为，做到违法必究。

低碳发展是事关山西煤炭企业良好可持续发展的长远问题，也即推动山西煤炭企业低碳转型发展需要较长的周期。面对转型过程中出现的种种问题，需要政府根据需要不断提供相关政策保障，为山西煤炭企业实现低碳发展保驾护航。在落实现有政策的同时，不断提供新的政策可以在促进山西煤炭企业低碳转型的同时，完善政府政策体系。

（2）增强金融支持力度。煤炭产能在山西经济的发展过程中起到举足轻重的作用，也是以往银行等金融机构比较重视的客户群。但现下，山西煤炭企业受市场、绿色发展理念的推行等的冲击，开始面临资不抵债、资金短缺、周转困难、资金链断裂风险高等困境。高企的财务风险导致银行等金融机构对其贷款审批愈加严格，贷款条件越发严苛，使其难以及时获得转型和发展所需要的资金。为此，山西省政府相关部门提出：银行等金融机构要对优质煤炭企业区别对待，对其提供资金支持，帮助其推进债务的重组和不良资产的快速处置，降低杠杆利率，扭转山西煤炭企业亏损局面等。这些政策的提出在很大程度上减轻了煤炭企业的财务压力，为其加快推进低碳转型发展提供了助力。

2. 弘扬低碳生活方式

在社会生活中，公众消耗是煤炭资源的主要去向，涉及公众生活中的取暖、用电等各个方面，因此，让公众参与到山西煤炭企业低碳转型的进程中是一种社会需求，也是时代的要求。山西煤炭企业实施低碳发展，不仅是企业自身和政府的工作，也要在公众心中建立低碳理念，并积极引导公众采用低碳的生活方式。全民低碳理念的建立需要借助互联网、电视、报纸等传播媒介，让传播媒介增加有关低碳生活和消费的版面和报道，发挥其舆论引导功能。对有关低碳生活方式的宣传可以涉及日常生活中的方方面面，如在日常出行中采用私家车单双号制度，引导公众乘坐公众交通工具；居民住宅和办公楼七层以下不安装电梯；春秋温差较大时，午间停止办公楼空调取暖；加入集中供暖，减少居民独自供暖对煤炭的浪费等。社区宣传机构应积极承担自身责任，定期在社区宣传栏中张贴宣传录，对居民进行低碳知识教育；积极组织以"低碳生活"为主题的活动，调动居民的兴趣和意识，呼吁其采用低碳生活方式；公众的低碳生活方式将会为山西煤炭企业的低碳发展提供外部助力。另外，公众是最庞大的社会监督群体，在日常生活中也应发挥自身的主人翁意识，积极监督煤炭企业是否存在废弃物任意堆放、工业废水不合理排放及其他不利于低碳发展的生产行为。

本章研究结论表明，从业人数的冗余和行业经济的发展是促进山西煤炭企业碳排放量增加的正向因素，能源结构改善和能源强度的降低是抑制山西煤炭企业碳排放量增加的负向因素。在这一研究结论的基础上，本章有针对性地从内外部两大方面，企业、政府、公众三个层次提出了山西煤炭企业低碳发展的改进措施，期望发挥各社会主体的作用，全方位、多层次地促进山西煤炭企业低碳发展。

参考文献

［1］李玲，张俊荣，汤铃，余乐安．我国能源强度变动的影响因素分析——基于 SDA 分解技术［J］．中国管理科学，2017，25（9）：125 - 132.

［2］Song M，Wang S，Cen L. Comprehensive Efficiency Evaluation of Coal Enterprises from Production and Pollution Treatment Process［J］．Journal of Cleaner Production，2015（104）：374 - 379.

［3］韩建国．能源结构调整"软着陆"的路径探析——发展煤炭清洁利用、破解能源困局、践行能源革命［J］．管理世界，2016（2）：3 - 7.

［4］孙喜民，刘客，刘晓君．基于系统动力学的煤炭企业产业协同效应研究［J］．资源科学，2015，37（3）：555 - 564.

［5］谭力文，丁靖坤.21 世纪以来战略管理理论的前沿与演进——基于 SMJ（2001 - 2012）文献的科学计量分析［J］．南开管理评论，2014，17（2）：84 - 94.

［6］Ansoff H I. Corporate Strategy：An Analytic Approach to Business Policy for Growth and Expansion［M］．New York：Mc - Graw - Hill，1965：2 - 50.

［7］Mintzberg H. The Strategy Concept I：Five Ps for Strategy

[J]. California Management Review, 1987, 30 (1): 11 - 24.

[8] Robbins S P, Coulter M. Management (11th) [M]. New Jersey: Prentice Hall, 2012: 222 - 248.

[9] Ireland R D, Hoskisson R E, Hitt M A. The Management of Strategy [M]. South - Western: Cengage Learning, 2013: 2 - 25.

[10] Zhang Y U, Gimeno J. Earnings Pressure and Competitive Behavior: Evidence from the U. S. Electricity Industry [J]. Academy of Management Journal, 2010, 53 (4): 743 - 768.

[11] 杨锡怀, 王江. 企业战略管理: 理论与案例 (第3版) [M]. 北京: 高等教育出版社, 2010: 9 - 12

[12] Hannan M T, Freeman J. The Population Ecology of Organizations [J]. American Journal of Sociology, 1977, 82 (5): 929 - 964.

[13] 亨利·明兹伯格. 战略历程: 纵览战略管理学派 [M]. 北京: 机械工业出版社, 2002: 118.

[14] 夏晖. 关于战略管理理论发展历程的综述 [J]. 中南民族大学学报 (人文社会科学版), 2003 (S2): 91 - 93.

[15] 金占明, 杨鑫. 改革开放三十年: 中国战略管理的理论与实践之路 [J]. 清华大学学报 (哲学社会科学版), 2008 (S2): 19 - 26.

[16] Wernerfelt B. A Resource - based View of the Firm [J]. Strategic Management Journal, 1984 (2): 171 - 180.

[17] Prahalad C K, Hamel G. The Core Competence of the Corporation [J]. Harvard Business Review, 2006, 68 (3): 275 - 292.

[18] 邓新明, 熊会兵, 李剑峰, 等. 政治关联、国际化战略与企业价值——来自中国民营上市公司面板数据的分析 [J].

南开管理评论，2014，17（1）：26–43.

［19］魏江，邬爱其，彭雪蓉. 中国战略管理研究：情境问题与理论前沿［J］. 管理世界，2014（12）：167–171.

［20］刘云芬，周英超，范黎波. 全球视野下中国企业战略管理理论演进与实践——"2014中国战略管理学者论坛"综述［J］. 经济管理，2014（12）：186–193.

［21］王晓辉，刘昊龙. 企业战略绩效评价模式研究述评［J］. 商场现代化，2015（5）：93–94.

［22］德鲁克. 公司绩效测评［M］. 北京：中国人民大学出版社，1999：16–28.

［23］王化成，刘俊勇. 企业业绩评价模式研究——兼论中国企业业绩评价模式选择［J］. 管理世界，2004（4）：82–91.

［24］Kaplan R S，Norton D P. The Balanced Scorecard – measures that Drive Performance［J］. Harvard Business Review，1992，70（1）：71–79.

［25］宁宇新，李悦玲. 基于粗糙集的企业技术并购战略绩效评价方法［J］. 统计与决策，2016（10）：183–186.

［26］贾鹏，董洁. 基于BSC的物流服务供应链绩效指标可拓优度评价［J］. 统计与决策，2018（3）：44–48.

［27］许金叶，杨翌，许玉琴. 基于企业战略的绩效评价体系研究——以F公司为例［J］. 会计之友，2018（6）：97–102.

［28］惠树鹏，郑玉宝. 基于五维动态平衡计分卡的企业战略绩效评价［J］. 统计与决策，2016（11）：172–175.

［29］徐光华，周小虎. 企业共生战略绩效评价模式研究［J］. 南开管理评论，2008，11（5）：19–26.

［30］Neely A，Adams C，Kennerley M. The Performance

Prism：The Scorecard for Measuring and Managing Business Success ［M］．New York：Financial Times Prentice Hall，2002：67 - 126.

［31］赵国浩．煤炭资源优化配置理论与政策研究［M］．北京：经济管理出版社，2010：186 - 189.

［32］Ehrlich P R，Holdren J P，Ehrlich P R．A Bulletin Dialogue on "the Closing Circle" Critique［J］．Bulletin of the Atomic Scientists，1971，28（5）：16 - 27.

［33］Kaya Y．Impact of Carbon Dioxide Emission on GNP Growth：Interprelation of Proposed Scenarios［R］．Paris：Presentation to the Energy and Industry Subgroup，1989：1 - 25.

［34］Dietz T，Rosa E A．Rethinking the Environmental Impacts of Population，Affluence，and Technology［J］．Human Ecology Review，1994（1）：277 - 300.

［35］魏一鸣，刘兰翠，范英，吴刚．中国能源报告（2008）：碳排放研究［M］．北京：科学出版社，2008：54.

［36］付加峰，庄贵阳，高庆先．低碳经济的概念辨识及评价指标体系构建［J］．中国人口·资源与环境，2010，20（8）：38 - 43.

［37］王圣，王慧敏，陈辉．基于 Divisia 分解法的江苏沿海地区碳排放影响因素研究［J］．长江流域资源与环境，2011，20（10）：1243 - 1247.

［38］田立新，张蓓蓓．中国碳排放变动的因素分解分析［J］．中国人口·资源与环境，2011，21（10）：1 - 7.

［39］张淑英．中国煤炭工业低碳发展研究［D］．中国矿业大学博士学位论文，2012：49 - 51.

［40］谭玲玲．煤炭产业低碳发展机制及政策取向研究

［M］. 北京：中国时代经济出版社，2015：71 - 79.

［41］冯之浚，牛文元. 低碳经济与科学发展［J］. 中国软科学，2009（8）：13 - 19.

［42］Liu X，Gan Z，Shang Y. Analysis of the Path to Improve the Energy Saving Technologies and Management Levels in Chemical Industry［J］. Energy Procedia，2011（5）：1269 - 1273.

［43］胡兆光. 中国特色的低碳经济、能源、电力之路初探［J］. 中国能源，2009，31（11）：16 - 19.

［44］刘海滨，郭正权. 论煤炭资源低碳发展利用的必要性及其路径选择［J］. 管理现代化，2010（6）：15 - 17.

［45］程宇航. 我国产业升级的绿色低碳路径选择［J］. 江西社会科学，2010（9）：77 - 82.

［46］范英，朱磊，张晓兵. 碳捕获和封存技术认知、政策现状与减排潜力分析［J］. 气候变化研究进展，2010，6（5）：362 - 369.

［47］马岩，鲁江. 我国煤炭行业低碳经济发展模式研究［J］. 中国矿业，2011（5）：19 - 22.

［48］卫屹，于彦新. 煤炭企业发展低碳经济的有效途径［J］. 中外企业家，2012（9）：74 - 75.

［49］刘琳琳. 基于循环经济的煤炭企业低碳发展的途径探析［J］. 中国煤炭，2014（4）：35 - 38.

［50］赵国浩. 煤炭资源管理理论与实践［M］. 北京：经济管理出版社，2015：254 - 257.

［51］赵国浩，裴卫东，张冬明. 中国煤炭工业与可持续发展［M］. 北京：中国物价出版社，2000：144 - 150.

［52］周德群，汤建影. 能源工业可持续发展的概念、指标

体系与测度 [J] . 煤炭学报，2001，26（5）：449 - 454.

[53] Yaisawarng S, Klein J D. The Effects of Sulfur Dioxide Controls on Productivity Change in the U. S. Electric Power Industry [J] . Review of Economics & Statistics, 2004, 76 (3): 447 - 460.

[54] Parikh J, Panda M. Ganesh - Kumar A, CO_2 Emissions Structure of Indian Economy [J] . Energy, 2009, 34 (8): 1024 - 1031.

[55] 周鹏，B. W. Ang，周德群. 基于指数分解分析的宏观能源效率评价 [J] . 能源技术与管理，2007（5）：5 - 8.

[56] 韩松，张宝生，唐旭. 中国能源强度变化的驱动因素分析——基于对数平均迪氏指数方法 [J] . 当代经济科学，2016，38（5）：89 - 98.

[57] 徐君，马栋栋. 煤炭企业发展低碳经济的评价研究 [J] . 矿山机械，2012，40（5）：9 - 12.

[58] 米国芳. 中国火电企业低碳经济发展评价研究 [J] . 资源科学，2012，34（12）：170 - 177.

[59] 吴玉萍. 煤炭行业低碳经济评价指标体系构建研究 [J] . 工业技术经济，2012，31（8）：35 - 38.

[60] 李朋林，陆浩杰. 基于 AHP - 熵权法的煤炭企业低碳经济综合评价研究 [J] . 中国煤炭，2015（5）：16 - 23.

[61] Blyth W, Bunn D, Kettunen J. Policy Interactions, Risk and Price Formation in Carbon Markets [J] . Energy Policy, 2009, 37 (12): 5192 - 5207.

[62] Galinato G I, Yoder J K. An Integrated Tax - subsidy Policy for Carbon Emission Reduction [J] . Resource & Energy Economics, 2010, 32 (3): 310 - 326.

[63] Fuller M, Portis S C, Kammen D. Toward a Low - carbon

Economy：Municipal Financing for Energy Efficiency and Solar Power ［J］. Environment，2009，51（1）：22 −23.

［64］Campiglio E. Beyond Carbon Pricing：The Role of Banking and Monetary Policy in Financing the Transition to a Low − carbon Economy ［J］. Ecological Economics，2016（121）：220 −230.

［65］黄新华. 论政府社会性规制职能的完善 ［J］. 政治学研究，2007（2）：60 −70.

［66］金乐琴，刘瑞. 低碳经济与中国经济发展模式转型 ［J］. 经济问题探索，2009（1）：84 −87.

［67］赵国浩. 煤炭资源低碳化利用理论与政策研究 ［M］. 北京：经济管理出版社，2014：197 −202.

［68］李剑波. 重庆能源绿色低碳发展研究 ［D］. 重庆大学博士学位论文，2016：129.

［69］王珂英，王丹，王磊. 中国低碳经济发展报告（2015）［R］. 北京：社会科学文献出版社，2015：141 −153.

［70］马克思，恩格斯. 马克思恩格斯文集 ［M］. 北京：人民出版社，2009：373.

［71］邢书河. 资源型企业的战略研究：合理性的视角 ［D］. 武汉大学博士学位论文，2012：17 −18.

［72］杨子平. 资源型企业产业转型的三个视角 ［J］. 甘肃理论学刊，2006（6）：50 −53.

［73］宋宝莉，揭筱纹. 西部资源型企业生态行为影响因素研究 ［J］. 生态经济，2014，30（7）：82 −85.

［74］敖宏，邓超. 论循环经济模式下我国资源型企业的发展策略 ［J］. 管理世界，2009（4）：1 −4.

［75］李宇凯. 资源型企业可持续成长能力评价研究 ［D］.

中国地质大学博士学位论文，2010：23.

［76］郝祖涛．基于复杂社会网络的资源型企业绿色行为扩散机制研究［D］．中国地质大学博士学位论文，2014.

［77］林军．基于保险对矿产资源型企业进行风险转移的综合研究［D］．中国地质大学博士学位论文，2015：44 –45.

［78］曹翠珍．资源型企业绿色创新与竞争优势研究［D］．山西财经大学博士学位论文，2015：28 –33.

［79］田富军．义马煤业（集团）有限责任公司可持续发展战略研究［D］．中国地质大学博士学位论文，2012：72 –78.

［80］江卫．基于系统动力学的煤炭企业循环经济系统研究［D］．天津大学博士学位论文，2012：111 –123.

［81］王太星．基于社会责任的煤炭企业发展模式转型研究［D］．中国矿业大学博士学位论文，2015：1 –3.

［82］李民．煤炭消费减速背景下煤炭企业发展战略研究——以山西省为例［J］．煤炭经济研究，2014，34（6）：47 –51.

［83］郭金刚．新常态下煤炭企业集团跨越转型发展战略研究——以同煤集团为例［J］．煤炭经济研究，2016（4）：61 –66.

［84］张伟，张金锁，许建．煤炭资源安全绿色高效开发模式研究——以陕北侏罗纪煤田为例［J］．地域研究与开发，2016，35（2）：139 –144.

［85］袁亮，等．我国煤炭资源高效回收及节能战略研究［M］．北京：科学出版社，2017：186 –195.

［86］Kretschmann J，Efremenkov A B，Khoreshok A A. From Mining to Post – Mining：The Sustainable Development Strategy of the German Hard Coal Mining Industry［J］．IOP Conference Series：

Earth and Environmental Science, 2017, 50 (1): 12 –24.

[87] 冯蕾. 中小型煤炭企业战略转型对策分析 [J]. 煤炭技术, 2018 (1): 334 –336.

[88] 金岩辉. 供给侧改革背景下煤炭企业转型升级的战略选择分析 [J/OL]. 中国战略新兴产业, [2018 –06 –09]. https: //doi. org/10. 19474/j. cnki. 10 –1156/f. 000610.

[89] Cooremans C. Investment in Energy Efficiency: Do the Characteristics of Investments Matter? [J]. Energy Efficiency, 2012, 5 (4): 497 –518.

[90] Ouyang J J, Shen H C. The Choice of Energy Saving Modes for an Energy – intensive Manufacturer Considering Non – energy Benefits [J]. Journal of Cleaner Production, 2017 (141): 83 –98.

[91] Finnerty N, Sterling R, Contreras S. Defining Corporate Energy Policy and Strategy to Achieve Carbon Emissions Reduction Targets via Energy Management in Non – energy Intensive Multi – site Manufacturing Organizations [J]. Energy, 2018 (3): 151.

[92] 徐全军, 杨小科. 战略理论演绎下的战略框架: 直面战略困境的思考 [J]. 天津大学学报 (社会科学版), 2015, 17 (2): 103 –108

[93] 范培华, 高丽, 侯明君. 扎根理论在中国本土管理研究中的运用现状与展望 [J]. 管理学报, 2017, 14 (9): 1274 – 1282.

[94] 贾旭东, 衡量. 基于 "扎根精神" 的中国本土管理理论构建范式初探 [J]. 管理学报, 2016, 13 (3): 336 –346.

[95] Glaser B, Strauss A. The Discovery of Grounded Theory:

Strategies for Qualitative Research［M］. Chicago：Aldine Transaction，1967：1 – 18.

［96］刘涛. 国有商业银行差异化战略对运营绩效促进效应研究［D］. 江苏大学博士学位论文，2017：47 – 64.

［97］Hall H G，Mckenna L G，Griffiths D L. Applying Grounded Theory to Midwifery Research Problems［J］. International Journal of Childbirth，2012，2（2）：136 – 141.

［98］郝刚，陈佳莉，贾旭东. 基于经典扎根理论的虚拟企业战略管理过程模型［J］. 管理评论，2018，30（6）：196 – 211.

［99］朱丽叶·科宾，安塞尔姆·施特劳斯. 质性研究的基础：形成扎根理论的程序与方法［M］. 重庆：重庆大学出版社，2015：30 – 35 + 57 – 61.

［100］马续补，郭菊娥，宁静. 基于扎根理论的企业战略活动执行路径［J］. 西安交通大学学报（社会科学版），2016，36（3）：54 – 60.

［101］李永波. 企业环境战略的形成机制：基于微观动力视角的分析框架［J］. 管理学报，2012，9（8）：1233 – 1238.

［102］Peng M W. Institutional Transitions and Strategic Choices［J］. Academy of Management Review，2003，28（2）：275 – 296.

［103］李冬伟，俞钰凡. 中国大型企业社会责任战略选择动因研究——一个新制度理论解释框架［J］. 北京理工大学学报（社会科学版），2015，17（3）：60 – 69.

［104］Jennings P D，Zandbergen P A. Ecologically Sustainable Organizations：An Institutional Approach［J］. Academy of Management Review，1995（20）：1015 – 1052.

［105］Delmas M A，Toffel M W. Stakeholders and Environmental Management Practices：An Institutional Framework ［J］. Business Strategy and the Environment，2004（13）：209 - 222.

［106］胡美琴，骆守俭. 企业绿色管理战略选择——基于制度压力与战略反应的视角［J］. 工业技术经济，2008（2）：11 - 14.

［107］涂智苹，宋铁波. 制度理论在经济组织管理研究中的应用综述——基于 Web of Science(1996 - 2015)的文献计量［J］. 经济管理，2016，38（10）：184 - 199.

［108］胡美琴，李元旭. 西方企业绿色管理研究述评及启示［J］. 管理评论，2007（12）：41 - 48 + 64.

［109］胡美琴，倪文洁，张雯. 制度压力、战略反应对企业绩效的影响机制研究［J］. 工业技术经济，2016，35（12）：60 - 67.

［110］王丹丹. 基于组织合法性的企业低碳管理模式构建研究［D］. 天津财经大学博士学位论文，2013：17 - 55.

［111］王秀丽. 跨国公司社会责任战略选择机制研究［D］. 中央财经大学博士研究生论文，2015：83 - 97.

［112］Sharma S. Managerial Interpretations and Organizational Context as Predictors of Corporate Choice of Environmental Strategy［J］. Academy of Management Journal，2000，43（4）：681 - 697.

［113］涂智苹，宋铁波. 制度压力下企业战略反应研究述评与展望［J］. 外国经济与管理，2016，38（11）：101 - 114.

［114］Hoffman A J. Linking Organizational and Field - level Analyses—The Diffusion of Corporate Environmental Practice［J］. Organization and Environment，2001，14（2）：133 - 156.

［115］Heugens P P，Lander M W. Structure！Agency！（and

other Quarrels）: A Meta – analysis of Institutional Theories of Organization ［J］. Academy of Management Journal, 2009, 52 (1): 61 – 85.

［116］Oliver C. Strategic Responses to Institutional Processes ［J］. Academy of Management Journal, 1991, 16 (1): 145 – 179.

［117］邓新明, 田志龙. 企业制度反应策略模式研究: 中国经验 ［J］. 经济管理, 2009, 31 (10): 67 – 74.

［118］严良, 李姣宇, 谢雄标. 资源型企业绿色战略形成过程研究——基于湖北兴发集团的案例 ［J］. 科技进步与对策, 2014, 31 (10): 95 – 100.

［119］Wartick S L, Cochran P L. The Evolution of the Corporate Social Performance Model ［J］. Academy of Management Review, 1985, 10 (4): 758 – 769.

［120］Tan J, Wang L. MNC Strategic Responses to Ethical Pressure: An Institutional Logic Perspective ［J］. Journal of Business Ethics, 2011, 98 (3): 373 – 390.

［121］Christmann P, Taylor G. Globalization and the Environment: Strategies for International Voluntary Environmental Initiatives ［J］. Academy of Management Executive, 2002, 16 (3): 121 – 135.

［122］Brio J A D, Fernandez E, Junquera B, Vazquez C J. Environmental Managers and Departments as Driving Forces of TQEM in Spanish Industrial Companies ［J］. International Journal of Quality & Reliability Management, 2001, 18 (5): 495 – 511.

［123］Concepcion G A, Pilar R T, Josefin L. Stakeholder Pressure and Environmental Proactiveity: Moderating Effect of Competitive Advantage Expectations ［J］. Management Decision, 2012, 50

（2）：189 - 206.

［124］张文慧，张志学，刘雪峰．决策者的认知特征对决策过程及企业战略选择的影响［J］．心理学报，2005（3）：373 - 381.

［125］Elena F，Eva M，Jorge M．Green Marketing Strategy and the Firm's Performance：The Moderating Role of Environmental Culture ［J］．Journal of Strategic Marketing，2011，19（4）：339 - 355.

［126］Barney J B．How Marketing Scholars Might Help Address Issues in Resource - based Theory［J］．Journal of the Academy of Marketing Science，2014，42（1）：24 - 26.

［127］汪涛，贾煜，王康，崔楠．中国企业的国际化战略：基于新兴经济体企业的视角［J］．中国工业经济，2018（5）：175 - 192.

［128］Barney J B，Turk T A．Superior Performance from Implementing Merger and Acquisition Strategies：A Resource - based Analysis ［J］．The Management of Corporate Acquisitions，1994，16（5）：105 - 127.

［129］王冲．公司跨界创业的战略选择研究［D］．吉林大学博士学位论文，2016：42 - 44.

［130］Hart S L．A Natural - resource - based View of the Firm ［J］．Academy of Management Review，1995，20（4）：986 - 1014.

［131］Sharma S，Vredenburg H．Proactive Corporate Environmental Strategy and the Development of Competitively Valuable Organizational Capabilities［J］．Strategic Management Journal，1998，19（8）：729 - 753.

［132］杨静，施建军．社会网络视角下企业绿色战略利益相关者识别研究［J］．管理学报，2012，9（11）：1609 - 1615.

［133］孙宝连，綦振法，王心娟．企业主动绿色管理战略驱动力研究［J］．华东经济管理，2009，23（10）：81 – 84.

［134］冯宇，杨华，张珍珍．基于主动型绿色管理战略的企业竞争力研究［J］．中国城市经济，2011（30）：113 – 114.

［135］胡元林，康炫．环境规制下企业实施主动型环境战略的动因与阻力研究——基于重污染企业的问卷调查［J］．资源开发与市场，2016，32（2）：151 – 155 + 141.

［136］冯雪．企业战略管理理论的发展历程和新趋势［J］．科技情报开发与经济，2008（10）：169 – 171.

［137］陈红喜．企业绿色竞争力的理论分析与实证研究［D］．南京农业大学博士学位论文，2008：46 – 48.

［138］迈克尔·波特．竞争论［M］．北京：中信出版社，2000：3 – 19.

［139］王飞，吕莎莎．绿色战略与企业绩效关系研究评述［J］．环境与可持续发展，2015，40（4）：138 – 139.

［140］Walley N, Whitehead B. It's not Easy being Green［J］. Harvard Business Review, 1994, 72（3）：46 – 52.

［141］Porter M E, Claas V D L. Toward a New Conception of the Environment – Competitiveness Relationship［J］. Journal of Economic Perspectives, 1995, 9（4）：97 – 118.

［142］Hart S L, Ahuja G. Does it Pay to be Green? An Empirical Examinalion of the Relationship between Emission Reduction and Firm Performance［J］. Business Strategy & the Environment, 1996, 5（1）：30 – 37.

［143］Banerjee S B. Managerial Perceptions of Corporate Environmentalism：Interpretations from Industry and Strategic Implications for Organizations［J］. Journal of Management Studies，2001，38（4）：26.

［144］Holusha J. Companies Vow to Consider Environment in Buying Paper［N］. New York Times，1995 – 12 – 20（D5）.

［145］Christmann P. Effects of Best Practices of Environmental Management on Cost Advantage—The Role of Complementary Assets［J］. Academy of Management Journal，2000，4（43）：663 – 680.

［146］Berman S L，Wicks A C，Kotha S，Jones T M. Does Stakeholder Orientation Matter? The Relationship between Stakeholder Management Models and Firm Financial Performance［J］. The Academy of Management Journal，1999，42（5）：488 – 506.

［147］Hinkin T R. A Brief Tutorial on the Development of Measures for Use in Survey Questionnaires［J］. Organizational Research Methods，1998，1（1）：104 – 121.

［148］张小军. 企业绿色创新战略的驱动因素及绩效影响研究［D］. 浙江大学博士学位论文，2012：107 – 138.

［149］刘宏宇. 企业社会责任沟通对品牌资产影响机理研究［D］. 辽宁大学博士学位论文，2018：73 – 90.

［150］Concepcion G A，Pilar R T，Josefina L. Stakeholder Oressure and Environmental Proactivity：Moderating Effect of Competitive Advantage Expectations［J］. Management Decision，2012，50（2）：189 – 206.

［151］李剑力. 探索性创新、开发性创新与企业绩效关系研究——基于冗余资源调节效应的实证分析［J］，科学学研究，2009，27（9）：1418 – 1427.

［152］Buysse K，Verbeke A. Proactive Environmental Strategies：A Stakeholder Management Perspective［J］. Strategic Management Journal，2003，24（5）：453 – 470.

［153］Josefina L，Concepcion G A，Pilar R T，Pilar Rivera Torres. Why do Patterns of Environmental Response Differ? A Stakeholders' Pressure Approach［J］. Strategic Management Journal，2008，29（11）：1225 – 1240.

［154］Chan R. Dose the Natural – resource – based View of the Firm Apply in an Emerging Economy? A Survey of Foreign Invested Enterprises in China［J］. Journal of Management Studies，2005，42（3）：625 – 672.

［155］邵兴东，孟宪忠. 战略性社会责任行为与企业持续竞争优势来源的关系——企业资源基础论视角下的研究［J］. 经济管理，2015（6）：56 – 65.

［156］Sterman J D. Business Dynamics：Systems Thinking and Modeling for a Complex World［M］. New York：Irwin McGraw – Hill，2000：2 – 3.

［157］梁志霞. 基于系统动力学的企业信息化经济效益分析［J］. 煤炭经济研究，2016，36（9）：66 – 70.

［158］彼得·圣吉. 第五项修炼［M］. 北京：中信出版社，2009：100 – 102.

［159］董江. 我国煤炭产业"公共地悲剧"的分析与对策［J］. 改革与战略，2009，25（12）：151 – 153.

［160］David M E，David F R，David F R. The Quantitative Strategic Planning Matrix：A New Marketing Tool［J］. Journal of Strategic Marketing，2016，25（2）：1 – 11.

［161］Pazouki M，Jozi S A，Ziari Y A. Strategic Management

in Urban Environment Using SWOT and QSPM Model ［J］. Global Journal of Environmental Science & Management, 2017, 3 (2): 207 – 216.

［162］林伯强,吴微. 中国现阶段经济发展中的煤炭需求 ［J］. 中国社会科学, 2018 (2): 141 – 161 + 207 – 208.

［163］Huang R J, Zhang Y, Bozzetti C. High Secondary Aerosol Contribution to Particulate Pollution During Haze Events in China ［J］. Nature, 2014, 514 (7521): 218 – 222.

［164］王金华,康红普,刘见中. 我国绿色煤炭资源开发布局战略研究 ［J］. 中国矿业大学学报, 2018, 47 (1): 15 – 20.

［165］孔繁晔. 煤炭清洁利用改革中的博弈分析 ［J］. 经济问题, 2017 (1): 96 – 102.

［166］岳福斌. 中国煤炭工业发展报告 (2017) ［M］. 北京: 社会科学文献出版社, 2017: 19 – 29.

［167］Allahyari H, Nasehi S, Salehi E, Zebardast L. Evaluation of Visual Pollution in Urban Squares, Using SWOT, AHP, and QSPM Techniques (Case Study: Tehran Squares of Enghelab and Vanak) ［J］. Pollution, 2017, 3 (4): 655 – 667.

［168］Ang. B W. Factorizing Changes in Energy and Environmental Indicators through Decomposition ［J］. General Information, 2003 (23): 489 – 495.

［169］Feng V L. Assessing Income, Population, and Technology Impacts on CO_2 Emissions in Canada: Where's the EKC ［J］. Ecological Economics, 2006, 2 (57): 229 – 238.

［170］Subhes C, Bhattacharyya, Arjaree Ussanarassamee. Decomposition of Energy and CO_2 Intensities of Thai Industry between

1981 and 2000 [J]. Energy Economics, 2004 (26): 765 – 781.

[171] Johnston D, Lowe R, Bell M. An Exploration of the Technical Feasibility of Achieving CO_2 Emission Reductions in Excess of 60% within the UK Housing Stock by the Year 2050 [J]. Energy Policy, 2005 (33): 55 – 58.

[172] Treffers T, Faaij A P C, Sparkman J, Seebregts A. Exploring the Possibilities for Setting up Sustainable Energy Systems for the Long Term: Two Visions for the Dutch Energy System in 2050 [J]. Energy Policy, 2005 (33): 1723 – 1743.

[173] Soytas U, Sari R, Ewing B T. Energy Consumption, Income, and Carbon Emission in the United States [J]. Ecological Economics, 2007 (62): 482 – 489.

[174] Ferdinand V, Ferdinand D F, Erica S. A Decomposition Analysis of CO_2 Emisssions in the United States [J]. Applied Economics Letters, 2010, 17 (10): 925 – 931.

[175] Halicioglu F. Residential Electricity Demand Dynamics in Turkey [J]. Energy Economics, 2009, 29 (2): 199 – 210.

[176] Shimada K, Tanaka Y, Gomi K, Matsuoka Y. Developing a Long – term Local Society Design Methodology towards a Low – carbon Economy: An Application to Shiga Prefecture in Japan [J]. Energy Policy, 2007 (35): 4688 – 4703.

[177] Nader S. Paths to a Low – carbon Economy—The Masdar Example [J]. Energy Procedia, 2009 (1): 3951 – 3958.

[178] Ramanathan R. A Multi – factor Efficiency Perspective to the Relationships among World GDP, Energy Consumption and Carbon Dioxide Emissions [J]. Technological Forecasting Social Change,

2006 (73): 483 - 493.

[179] Kawase R, Matsuoka Y, Fujino J. Decomposition Analysis of CO_2 Emission in Long - term Climate Stabilization Scenarios [J]. Energy Policy, 2006, 34 (5): 89 - 95.

[180] Dalton M, Neill B, Prskawetz A. Population Aging and Future Carbon Emissions in the United States [J]. Energy Economics, 2008, 30 (2): 642 - 675.

[181] Runavr B, Tarek G, Jonas N. Increased Energy Efficiency and the Rebound Effect: Effects on Consumption and Emissions [J]. Energy Economics, 2007 (29): 1 - 17.

[182] Granovskii M, Dincer I, Arosen M. Greenhouse Gas Emissions Reduction by Use of Wind and Solar Energies for Hydrogen and Electricity Production: Economic Factors [J]. International Journal of Hydrogn Energy, 2009 (32): 927 - 931.

[183] Fan Y, Liu L C, Wu G, Wei Y M. Analyzing Impact Factors of CO_2 Emissions Using the STIRPAT Model [J]. Environmental Impact Assessment Review, 2006, 4 (26): 377 - 395.

[184] Puliafito S E, Puliafito J L, Grand M C. Modeling Population Dynamics and Economic Growth as Competing Species: An Application to CO_2 Global Emissions [J]. Ecological Economics, 2008, 3 (65): 602 - 615.

[185] Dalton M, Neill B O, Prskawetz A, Jiang L, Pitkin J. Population Aging and Future Carbon Emissions in the United States [J]. Energy Economics, 2008, 2 (30): 642 - 675.

[186] Tol R. Corrigendum to "Targets for Global Climate Policy: An Overview" [J. Econ. Dyn. Control 2013 (37): 911 - 921]

[J]. Journal of Economic Dynamics & Control, 2014（42）：121.

[187] 宋涛，郑挺国，佟连军. 环境污染与经济增长之间关联性的理论分析和计量检验 [J]. 地理科学，2007（2）：156-162.

[188] 杜立民. 我国二氧化碳排放的影响因素：基于省级面板数据的研究 [J]. 南方经济，2010（11）：20-33.

[189] 王锋，吴丽华，杨超. 中国经济发展中碳排放增长的驱动因素研究 [J]. 经济研究，2010（2）：123-136.

[190] 温景光. 江苏省碳排放的因素分解模型及实证分析 [J]. 华东经济管理，2010，24（2）：29-32.

[191] 朱勤，彭希哲，陆志明，等. 人口与消费对碳排放影响的分析模型与实证 [J]. 中国人口·资源与环境，2010，20（2）：98-102.

[192] 胡初枝，黄贤金，钟太阳，谭丹. 中国碳排放特征及其动态演进分析 [J]. 中国人口·资源与环境，2008，18（3）：38-42.

[193] 孙建卫，赵荣钦，黄贤金，陈志刚. 1995~2005年中国碳排放核算及其因素分解研究 [J]. 自然资源学报，2010，25（8）：1284-1295.

[194] 岳超，胡雪洋，贺灿飞，朱江玲，王少鹏，方精云. 1995~2007年我国省区碳排放及碳强度的分析——碳排放与社会发展 [J]. 北京大学学报（自然科学版），2010，46（4）：510-510.

[195] 陈英姿，李雨瞳. 低碳经济与我国区域能源利用研究吉林大学社会科学学报 [J]. 吉林大学社会科学学报，2009，49（2）：66-73.

[196] 林伯强，刘希颖. 中国城市化阶段的碳排放：影响因素和减排策略 [J]. 经济研究，2010（8）：66-78.

［197］陈万龙，侯军岐．基于 Kaya 模型的中国低碳经济策略探讨［J］．价值工程，2010（22）：3 - 4.

［198］王凌黎，邬恋，马前涛．我国 CO_2 排放影响因素分析［J］．中国高新技术企业，2010（5）：75 - 76.

［199］蒋金荷．中国碳排放量测算及影响因素分析［J］．资源科学，2011，33（4）：597 - 604.

［200］贾林娟．低碳经济发展影响因素及路径设计［J］．科技进步与对策，2014，31（3）：26 - 29.

［201］Shukla P R, Dhar S. Diptiranjan Mahapatra. Low - carbon Society Scenarios for India［J］．Climate Policy, 2008（8）.

［202］Omer A M. Climate Change Policy, Market Structure, and Carbon Leakage［J］．Renewable and Sustainable Energy Reviews, 2008, 2（65）：421 - 445.

［203］Sentence A. Developing Transport Infrastructure for the Low Carbon Society［J］．Oxford Review of Economic Policy, 2009（25）.

［204］Levy C. A 2020 Low Carbon Economy［R］．A Knowledge Economy Programme Report, 2010.

［205］Toshihiko Nakata et al. Shift to a Low Carbon Society through Energy Systems Design［J］．Science China, 2010, 53（1）：134 - 143.

［206］庄贵阳．中国经济低碳发展的途径与潜力分析［J］．国际技术经济研究，2005，8（3）：8 - 12.

［207］何建坤，苏明山．应对全球气候变化下的碳生产率分析［J］．中国软科学，2009（10）：42 - 47.

［208］刘传江．低碳经济发展的制约因素与中国低碳道路的选择［J］．吉林大学社会科学学报，2010，50（3）：146 - 152.

［209］胡兆光．中国特色的低碳经济、能源、电力之路初探［J］．中国能源，2009（11），13－15．

［210］郭朝先．中国碳排放因素分解：基于 LMDI 分解技术［J］．中国人口·资源与环境，2010（20）：4－9．

［211］李艳，梅张雷，程晓凌．中国碳排放变化的因素分解与减排途径分析［J］．资源科学，2010（2）：218－221．

［212］刘海滨，郭正权．论煤炭资源低碳发展利用的必要性及其路径选择管理探索［J］．2010（6）：15－17．

［213］杨芳．中国低碳经济发展：技术进步与政策选择［J］．福建论坛，2010（2）：15－18．

［214］赵贺春，刘丽娜．我国低碳经济发展的影响因素及政策选择［J］．中国集体经济，2012（1）：27－28．

［215］李文峰．低碳经济背景下的煤炭产业发展研究［J］．煤炭技术，2013，32（11）：3－5．

［216］赵国浩，李玮，张荣霞，梁文群．基于随机前沿模型的山西省碳排放效率评价［J］．资源科学，2012，34（10）：1965－1971．

［217］姚俊鲜，梁丽萍．煤炭企业低碳化转型的演化路径分析［J］．煤炭技术，2016，35（2）：325－326．

［218］崔宁．新常态下我国低碳经济发展之路探析［J］．经济研究，2017（2）：74－76．

［219］付允，马永欢，刘怡君，牛文元．低碳经济的发展模式研究［J］．中国人口·资源与环境，2008（18）：14－19．

［220］郎春雷．全球气候变化下北京中国产业的低碳发展研究［J］．社会科学，2009（6）：39－47．

［221］庄贵阳，潘家华，朱守先．低碳经济的内涵及综合评

价指标体系构建［J］．经济学动态，2011（1）：132－134.

［222］张平，杜鹏．低碳经济的概念、内涵和研究难点分析［J］．商业时代，2011（10）：8－9.

［223］牛文元．低碳经济是落实科学发展观的重要突破口［N］．中国报道，2009（3）.

［224］贺庆棠．低碳经济是绿色生态经济［N］．中国绿色时报，2009（8）.

［225］冯之浚，金涌，牛文元．关于推行低碳经济促进科学发展的若干思考［J］．经济视野，2009（8）：39－41.

［226］袁男优．低碳经济的概念内涵［J］．城市环境与城市生态，2010（1）：4.

［227］徐国泉，刘则渊，姜照华．中国碳排放的因素分解模型及实证分析：1995－2004［J］．中国人口·资源与环境，2006（6）：158－161.

［228］郭朝先．中国碳排放因素分解：基于 LMDI 分解技术［J］．中国人口·资源与环境，2010（20）：4－9.